THÉATRE

DE CAMPAGNE

THÉATRE
DE CAMPAGNE

Henry Meilhac — Alphonse Daudet
Henri de Bornier
Charles Narrey — Abraham Dreyfus — Henri Dupin
Jacques Normand — Émile Abraham
Ernest d'Hervilly

TROISIÈME SÉRIE

PARIS

PAUL OLLENDORFF, ÉDITEUR

28 *bis*, RUE DE RICHELIEU

1878

Tous droits réservés.

LA GIFLE

Comédie en un acte

Par M. Abraham DREYFUS

> « On conte que Dumas aurait dit un jour : Je rêve une première scène où un homme en aborderait un autre :
> — C'est vous qui vous nommez un tel ?
> — Oui, monsieur.
> Et v'lan ! une gifle ! »
>
> FRANCISQUE SARCEY.

PERSONNAGES

BLANC-MISSERON.
CHAMBERLOT.
Un huissier.

LA GIFLE

Un salon-antichambre. Porte d'entrée au fond. Autres portes à droite et à gauche. Cheminée à droite. Table à gauche. Banquette de chaque côté de la porte d'entrée. Chaises, fauteuils, etc.

SCÈNE PREMIÈRE

UN HUISSIER, puis BLANC-MISSERON.

Au lever du rideau, l'huissier est assoupi sur l'une des banquettes du fond. — Pendant un instant, on n'entend que le bruit de sa respiration, auquel succède bientôt une rumeur confuse grossissant jusqu'à l'altercation suivante :

UNE VOIX, au dehors.

Voyons, messieurs...

VOIX DE CHAMBERLOT

Vous n'en avez pas le droit !

VOIX DE BLANC-MISSERON

Par exemple !

VOIX DE CHAMBERLOT

Vous n'êtes qu'un manant !

VOIX DE BLANC-MISSERON

Et vous un polisson !

(Bruit de soufflet suivi de rumeurs. — C'est le bruit du soufflet qui réveille l'huissier. Il se relève brusquement et reste un instant abasourdi pendant que le bruit continue au dehors et qu'on entend les mots suivants :)

— Misérable ! — Emmenez-le ! — C'est un scandale ! Ne me touchez pas !..

L'HUISSIER

Mais on se bat, là ! *(Il court à la porte ; au même moment Blanc-Misseron fait son entrée, se frottant la joue de la main gauche et tenant une carte de la main droite. L'huissier s'incline respectueusement. Blanc-Misseron, qui allait s'adresser au public, l'aperçoit et baisse vivement sa main gauche.)*

BLANC-MISSERON

Hein ?.. Ah ! c'est vous, Louis... Vous voulez me parler ?

L'HUISSIER

Non, monsieur, j'avais cru entendre...

BLANC-MISSERON, vivement.

Une altercation ?.. C'est là... dans l'antichambre... un individu qui faisait du tapage... On l'a mis à la porte.

L'HUISSIER, le regardant.

Ah ! c'est qu'il m'avait semblé...

BLANC-MISSERON

Quoi ?

L'HUISSIER, embarrassé.

Qu'on se battait. *(Changeant de ton.)* Monsieur n'a besoin de rien ?

BLANC-MISSERON

Non !.. *(Se ravisant.)* Ou plutôt, si !.. donnez-moi donc un verre d'eau.

L'HUISSIER, à part.

Ah ! je savais bien !

BLANC-MISSERON, vivement.

Qu'est-ce que vous dites ?

L'HUISSIER, avec grâce, en s'inclinant.

Je vais vous le chercher. (*Il sort.*)

SCÈNE DEUXIÈME

BLANC-MISSERON, seul.

Ça se voit-il, oui ou non ? (*Il va à la glace et regarde sa joue gauche.*) Non ! ça ne se voit plus... (*Descendant.*) Ça ne s'est vu que dans l'antichambre... au moment où les huissiers se sont précipités sur mon agresseur... Et ils ont bien fait de se précipiter... car sans cela... (*Il lève la main comme pour donner un soufflet. — S'arrêtant.*) j'allais me commettre avec un individu que je ne connais pas, un drôle, un misérable à qui je ne disais pas un mot, et qui est venu m'apostropher de la façon la plus grossière. Heureusement qu'on l'a emmené !... Il réfléchira au poste sur les dangers auxquels on s'expose en s'attaquant à un député ami du ministère. Il ne sait pas ce que peut un ami du ministère !.. (*Agitant sa main droite d'un air menaçant.*) Eh bien, qu'il y vienne maintenant ! qu'il y vienne !.. (*En faisant ce mouvement, il aperçoit la carte qu'il a gardée machinalement dans sa main. — Changeant de ton.*) Qu'est-ce que c'est que ça ? (*Examinant la carte.*) « Jules Chamberlot. » C'est une carte, ça ! — Ainsi, il m'a donné sa carte !.. Quelle au-

dace !..— Et il s'attendait peut-être à recevoir la mienne ?..
Ma parole, il y a des gens qui ne doutent de rien... Me
voyez-vous, moi, M. Blanc-Misseron, député de Sarthe-
et-Loire, me battant avec un... (*Regardant la carte.*) avec
un Jules Chamberlot... — sans adresse. (*Au public.*) Il
n'y a pas d'adresse. (*Railleur.*) C'est très-commode. On
a beau jeu à venir jeter sa carte à la tête des gens,
quand on sait que ces gens ne pourront pas vous retrouver ! (*Avec mépris.*) Fanfaron, va ! (*Il jette la carte à
terre. — Bruit au dehors. — La porte s'ouvre et l'on
entrevoit l'huissier qui parlemente avec quelqu'un.*)

L'HUISSIER, parlant au dehors.

Non, monsieur... non ! c'est impossible... (*Il entre et
referme la porte.*)

SCÈNE TROISIÈME

BLANC-MISSERON, L'HUISSIER.

BLANC-MISSERON

Qu'est-ce que c'est ?

L'HUISSIER, apportant un verre d'eau qu'il va poser sur la table.

Oh !.. rien... un individu qui veut entrer quand
même.

BLANC-MISSERON

Comment ! c'est encore lui...

L'HUISSIER

Qui donc ?

BLANC-MISSERON

Celui qui m'a gif... (*Se reprenant.*) celui qu'on a ren-
voyé tout à l'heure.

L'HUISSIER

Je ne sais pas. Il est furieux... il provoque tout le monde.

BLANC-MISSERON

Et on le laisse faire !.. Il n'y a donc pas de gardes, ici ?

L'HUISSIER

Si, monsieur... on est allé les chercher...

BLANC-MISSERON

Ce n'est pas malheureux ! (*Il va à la table pour boire son verre d'eau.*)

(Bruit au dehors.)

L'HUISSIER

Tenez, monsieur, entendez-vous ? (*Il entr'ouvre la porte du fond.*)

VOIX DE CHAMBERLOT, très-animée.

Chacun à son tour ! C'est moi qui vous le dis, moi, Jules Chamberlot, ex-adjudant au 4° chasseurs à pied... trois campagnes... huit blessures.

BLANC-MISSERON, à l'huissier.

Qu'est-ce qu'il dit ?

L'HUISSIER

Huit blessures. (*Regardant au dehors.*) Il s'en va... Faut-il le rappeler ?

BLANC-MISSERON, vivement.

Non ! non !.. c'est inutile.

L'HUISSIER

Parce que si monsieur avait à se plaindre...

BLANC-MISSERON

Pas le moins du monde! Qu'il aille se faire pendre! Il y a eu assez de bruit comme cela! (*En aparté, pendant que l'huissier est occupé au fond.*) Et je n'aime pas le bruit, moi! — Je ne le supporte qu'à la Chambre! Hors de la Chambre, je ne me fais jamais remarquer. — Que les provocateurs se le tiennent pour dit!.. S'il fallait répondre à tous les gens qui vous attaquent, on aurait trop à faire! Il sera bien avancé, ce monsieur, quand je lui aurai rendu sa gifle. Nous nous battrons... Soit. — Et puis après?.. J'estime que le dédain est une arme plus sûre... C'est l'arme des vrais politiques, de ceux qui se doivent à leur pays et qui ne s'exposent pas à verser un sang précieux pour flatter l'amour-propre d'un inconnu... Parbleu! je vois bien où il veut en venir, monsieur Jules Chamberlot. Il serait enchanté de pouvoir faire insérer dans les journaux une note ainsi conçue : « Hier, une rencontre a eu lieu, sur la lisière de la forêt de Saint-Germain, entre M. J. C., ex-adjudant au 4ᵉ chasseurs, et M. B.-M., l'éminent député de Sarthe-et-Loire. » De la réclame, tout cela, de la pure réclame !

L'HUISSIER, descendant.

Est-ce que je dois annoncer Monsieur?

BLANC-MISSERON

Non!.. Je suis encore sous le coup de cette scène tumultueuse... Il faut que je rassemble mes idées... Je reviendrai tout à l'heure. (*Il sort.*)

L'HUISSIER, le reconduisant.

Bien, monsieur.

SCÈNE QUATRIÈME

L'HUISSIER, puis CHAMBERLOT.

L'HUISSIER, seul, riant.

C'est égal ! il l'a reçue ! Il ne veut pas en convenir, mais il l'a reçue... (*La porte de gauche s'ouvre, et Chamberlot entre précipitamment.*)

L'HUISSIER, effrayé.

Ah !

CHAMBERLOT, vivement, avec autorité.

Chut !

L'HUISSIER, s'approchant, et le reconnaissant.

Comment ! c'est encore vous ?

CHAMBERLOT

Oui... pas un mot !

L'HUISSIER

Mais, monsieur, on n'entre pas par là !..

CHAMBERLOT

Je le sais bien !.. (*Mouvement de l'huissier.*) Quand j'ai vu qu'on ne voulait pas me laisser entrer de ce côté, j'ai fait le tour par les bureaux.

L'HUISSIER

Mais c'est défendu !

CHAMBERLOT

Justement. Si la porte n'était pas défendue, on la garderait, et je n'aurais pas pu passer.

L'HUISSIER

Il faut vous en retourner.

CHAMBERLOT

Par le même chemin? Il me serait impossible de le
retrouver. (*Il s'assied.*)

L'HUISSIER, le regardant, stupéfait.

Oh!!..

CHAMBERLOT

Je suis sûr que vous ne le retrouvez pas vous-même.
Des couloirs, des bureaux, et puis d'autres couloirs,
d'autres bureaux... C'est à se perdre vingt fois; j'y
renonce.

L'HUISSIER

Mais, monsieur, vous ne pouvez pas rester ici!

CHAMBERLOT

Allons donc!

L'HUISSIER

Il n'y a pas de « Allons donc! » j'ai ma consigne,
moi!

CHAMBERLOT, d'un air entendu.

Parfaitement.

L'HUISSIER, interloqué.

Mais oui, monsieur!.. j'ai ma consigne!

CHAMBERLOT, froidement.

J'ai compris, vous dis-je. (*Il se lève, prend un cigare
dans sa poche et le glisse entre les mains de l'huissier,
en affectant de ne pas le regarder.*) Tenez!

L'HUISSIER, prenant le cigare machinalement.

Hein?

CHAMBERLOT

Gardez! gardez! (*Fredonnant d'un air dégagé.*) Pum!
Pum! Pum! Pum! Pum! Pum! (*Il va se rasseoir comme
un homme satisfait de son expédition.*)

L'HUISSIER, qui a suivi ce jeu de scène.

Alors, vous me donnez un cigare pour... (*Éclatant de
rire.*) Eh bien, elle est bonne, celle-là!

CHAMBERLOT, surpris.

Qu'est-ce qui vous prend?

L'HUISSIER, riant toujours.

Il me donne un cigare!.. un cigare!!

CHAMBERLOT, naïvement.

Vous ne fumez pas?

L'HUISSIER, riant de plus en plus fort.

Si!.. si! je fume... Soyez tranquille, je fume!

CHAMBERLOT

Il est gai, cet homme-là. Vous êtes gai, mon ami?

L'HUISSIER, même jeu.

Oui, j'ai mes jours... j'ai mes jours où je fume... quand
on me donne un cig... ah! ah! ah! quand on me donne
un cigare... (*N'en pouvant plus de rire, il tombe sur
une chaise qui fait pendant à celle sur laquelle est assis
Chamberlot.*)

CHAMBERLOT, le regardant.

Mais il va se faire du mal.

L'HUISSIER, respirant bruyamment.

Ah! ça va mieux!

CHAMBERLOT

Soufflez! soufflez!

L'HUISSIER, riant de nouveau, vivement.

Non! non! ne parlez pas... ça me reprendrait.

CHAMBERLOT, à part.

Quel drôle d'huissier... (*Se levant.*) Eh bien, voyons, est-ce qu'on peut entrer, maintenant?

L'HUISSIER, riant.

Chez le ministre?.. Vous voulez entrer chez le ministre?

CHAMBERLOT

Est-ce qu'il n'y est pas?

L'HUISSIER

Non!

CHAMBERLOT

Où est-il?

L'HUISSIER, réprimant un nouvel accès de rire.

Il est aux bains.

CHAMBERLOT, furieux.

A cette heure-ci?

L'HUISSIER

Ah! vous savez? les ministres ont le droit de se baigner à n'importe quelle heure.

CHAMBERLOT

Alors on prévient! On ne fait pas droguer les gens

comme ça! Je suis là depuis dix heures du matin, moi, et il est deux heures! Et je n'ai pas déjeuné, sacrebleu!

L'HUISSIER, riant.

Il fallait le dire!

CHAMBERLOT, avec conviction.

Je l'ai dit! Je l'ai dit à ce gros bonhomme qui est entré tout à l'heure.

L'HUISSIER

Ah! oui... celui à qui vous avez flanqué...

CHAMBERLOT

Dame... écoutez donc! Il arrive après moi et il veut passer avant. Je lui dis : « Ce n'est pas juste! » je suis pour la justice, moi! chacun à son tour... c'est la justice! »

L'HUISSIER

Et qu'est-ce qu'il vous a répondu?

CHAMBERLOT

Il m'a appelé polisson... Polisson! moi, Jules Chamberlot... un ancien soldat d'Afrique... trois campagnes, huit blessures... C'est ce que je lui ai dit : — En avez-vous autant? Montrez-les, si vous en avez autant!

L'HUISSIER

Il ne vous les a pas montrées?

CHAMBERLOT

Non!.. il a mieux aimé s'esquiver tandis qu'on m'emmenait. Lâche, va! Appeler la garde à son secours... au lieu de venir sur le terrain.

L'HUISSIER

Ah! vous vouliez...

CHAMBERLOT

Parfaitement. Je lui ai donné une gifle : il ne me l'a pas rendue, nous devons nous battre, c'est simple comme bonjour.

L'HUISSIER

On voit bien que vous ne connaissez pas votre adversaire.

CHAMBERLOT

Il est fort?.. Raison de plus. Je n'ai jamais reculé devant un homme fort... Nous nous battrons.

L'HUISSIER, riant.

Vous allez vite, vous ?

CHAMBERLOT

Toujours ! Je ne suis pas comme votre ministre... Quatre heures dans l'eau !.. Il ne se dépêche guère !..

L'HUISSIER

Vous voulez l'attendre ?

CHAMBERLOT

De pied ferme.

L'HUISSIER

Eh bien, écoutez... là... sérieusement, vous perdez votre temps. On n'est pas reçu ici sans lettre d'audience... Est-ce qu'on ne vous l'a pas dit ?

CHAMBERLOT

On ne m'a rien dit du tout. Je suis entré, j'ai vu du monde qui attendait, et je me suis mis à la file pour passer à mon tour.

L'HUISSIER

Eh bien, vous voyez que ça ne suffit pas. Il faut solliciter une audience par lettre, en spécifiant l'objet de votre demande.

CHAMBERLOT

Ça ne va pas être long ! (*Il va s'asseoir devant la table.*)

L'HUISSIER

Qu'est-ce que vous faites ?

CHAMBERLOT

J'écris ma lettre... Est-ce que je ne peux pas l'écrire là ?

L'HUISSIER

Si ! si ! dépêchez-vous. (*Riant, à part.*) Je ne veux pas le garder toute la journée.

CHAMBERLOT, écrivant.

« Monsieur le Ministre... Le soussigné a l'honneur de « vous exposer qu'il n'a pas encore reçu la croix de la « Légion d'honneur à laquelle il a droit depuis dix ans. « Il faut croire qu'elle se sera égarée dans les bureaux.»

L'HUISSIER, scandalisé.

Oh !

CHAMBERLOT

Ce n'est pas comme cela ?

L'HUISSIER, riant.

Si ! si !

CHAMBERLOT

Ah ! c'est que j'en ai écrit des lettres au régiment !

Mâtin ! si j'avais autant de mille livres de rentes que
j'ai tiré de carottes pour l'un ou pour l'autre...

L'HUISSIER

Vous seriez riche ?

CHAMBERLOT

Ah! mais oui! — (*Écrivant.*) « Il faut croire qu'elle se
« sera égarée dans les bureaux; c'est ce que j'espère
« vous prouver, Monsieur le Ministre, si vous m'accordez
« l'audience que je sollicite par la présente, en vous
« priant d'agréer les respects de votre tout dévoué subor-
« donné.., etc., etc. » C'est tapé, hein ? (*Il plie la lettre.*)

L'HUISSIER

Alors, vous demandez la croix ?

CHAMBERLOT

J'en ai le droit! J'étais le premier inscrit au tableau...
et on en a décoré trois autres qui étaient portés après moi.

L'HUISSIER

Comment cela se fait-il?

CHAMBERLOT

Il y a eu une erreur, parbleu!.. Un des employés aura
laissé glisser ma nomination sous son tiroir. Je connais
ça, voyez-vous! Votre tiroir est plein, vous l'ouvrez, et
en l'ouvrant vous déplacez une feuille qui va se nicher
au fond du meuble où elle est retrouvée trente ans après
par un marchand de bric-à-brac. C'est clair comme le
jour.

L'HUISSIER, riant.

Il n'y a pas de tiroirs, ici; il n'y a que des cartons!

CHAMBERLOT

Alors on a décoré un autre Chamberlot ; ce n'est pas possible autrement ; vous comprenez que je ne réclamerais pas ma croix si elle ne m'était pas due.

L'HUISSIER

Et vous avez attendu dix ans pour faire cette réclamation ?

CHAMBERLOT

J'aurais bien attendu davantage, mais j'ai été tourmenté par mon beau-père.

L'HUISSIER

Ah ! voilà... vous êtes marié ?

CHAMBERLOT

Malheureusement. J'ai épousé la fille d'un marchand de vin qui est très-mal vu dans le pays. C'est un vieux gredin. Alors il tient à ce que je sois décoré pour se relever un peu dans l'estime publique...

L'HUISSIER

C'est tout naturel.

CHAMBERLOT

Sa fille et lui m'ont tellement ennuyé que j'ai juré de revenir avec la croix.

L'HUISSIER

Diable !

CHAMBERLOT

Et quand j'ai juré quelque chose, c'est sacré. Vous comprenez qu'il faut que je voie le ministre.

L'HUISSIER, à part.

Pauvre homme ! il devient intéressant. (*Haut.*) Eh bien, écoutez, je vais vous donner un bon conseil : si vous voulez obtenir une audience, il faut faire apostiller votre demande.

CHAMBERLOT

Par qui ?

L'HUISSIER

Par un personnage quelconque, un sénateur, un député...

CHAMBERLOT

Un député ? Je connais le mien !

L'HUISSIER

Eh bien, alors ?

CHAMBERLOT

Quand je dis que je le connais, c'est une façon de parler. Je ne l'ai jamais vu. Mais il me connaît, lui ! Je suis son locataire. Je lui donne huit cents francs par an pour une sacrée bicoque qui n'en vaut pas quatre.

L'HUISSIER

Il a intérêt à vous ménager ?

CHAMBERLOT

Parbleu ! demandez plutôt à son notaire. Personne ne paie plus religieusement que moi... Le 15, à midi... C'est réglé comme un papier de musique.

L'HUISSIER

Et vous croyez qu'il vous recommandera ?

CHAMBERLOT

Si je le crois ?.. *(S'asseyant à la table.)* Ça ne va pas traîner, allez ! *(Écrivant.)* :

« Monsieur le député, j'ai l'honneur de vous commu-
« niquer ci-joint une demande que j'adresse au Ministre.
« Si vous pouvez l'appuyer de votre signature, vous
« ferez grand plaisir à votre tout dévoué et respectueux
« serviteur.

« Jules CHAMBERLOT. »

C'est tapé, hein ? *(Il met les deux lettres sous enve-
loppe.)* L'adresse maintenant... « A Monsieur... Monsieur Blanc-Misseron... »

L'HUISSIER

Comment! C'est à M. Blanc-Misseron... le député de Sarthe-et-Loire...

CHAMBERLOT, écrivant.

« De Sarthe-et-Loire... » C'est bien cela.

L'HUISSIER

Ah ! M. Blanc-Misseron est votre député ?.. Eh bien, vous avez de la chance !

CHAMBERLOT

Il est influent ?

L'HUISSIER

Très-influent... Il vient ici tous les jours.

CHAMBERLOT

Alors, je suis bien tombé ?

L'HUISSIER

Ah ! oui !.. joliment !

CHAMBERLOT

Je tombe toujours comme ça ! — Voici ma lettre... Vous la lui remettrez quand il viendra.

L'HUISSIER, embarrassé.

Ah ! c'est que...

CHAMBERLOT

Quoi ?.. ça vous dérange?.. Je peux la lui remettre moi-même.

L'HUISSIER, vivement.

Non! non! je ne vous y engage pas... Ce n'est pas le moment.

VOIX DE BLANC-MISSERON, au dehors.

Le ministre ! Où est le ministre ?

L'HUISSIER, sautant.

Sapristi! c'est lui!

CHAMBERLOT

Mon député ? (*Il va pour se précipiter au-devant de lui.*)

L'HUISSIER, l'arrêtant.

Attendez donc! Il ne faut pas qu'il vous voie !

CHAMBERLOT

Pourtant, si l'occasion se présente...

L'HUISSIER, le poussant vers la porte de gauche.

Entrez là.

CHAMBERLOT

Mais je ne m'explique pas...

L'HUISSIER, refermant la porte sur lui.

Laissez-moi faire !

CHAMBERLOT, rouvrant la porte.

Un mot seulement...

L'HUISSIER, exaspéré.

Oh !

CHAMBERLOT

Je ne veux lui dire qu'un mot...

L'HUISSIER, repoussant la porte.

Mais taisez-vous donc! (*Il referme la porte sur Chamberlot. Blanc-Misseron entre au même instant.*)

L'HUISSIER, à part.

Il était temps !

SCÈNE CINQUIÈME

L'HUISSIER, BLANC-MISSERON.

BLANC-MISSERON entre avec un portefeuille sous le bras et un journal à la main. Il est très-agité.

Est-ce que le ministre est là ?

L'HUISSIER

Oui, monsieur.

BLANC-MISSERON

Voyez donc s'il peut me recevoir...'Affaire très-urgente. (*Il dépose son portefeuille sur la table. — L'huissier sort par la droite.*)

BLANC-MISSERON, seul.

Il faut mettre un terme à ces attaques continuelles !.. Si vous voulez saper le pouvoir, sapez-le ! mais ne laissez pas imprimer des choses comme celles-ci : — « On a discuté hier à la Chambre le nouveau projet de loi sur le duel. On s'attendait à un discours de M. Blanc-Misseron, mais l'honorable député, fidèle à ses principes, a préféré s'abstenir. » — Sentez-vous l'allusion ? Eh bien, voilà comment on sape le pouvoir, en incriminant les actes passifs des hommes qui veulent sauvegarder en leur personne les intérêts de trente mille électeurs. Voilà ! voilà ce que l'on imprime et ce que je suis obligé de supporter sans rien dire... Oh ! si je pouvais leur imposer silence...

L'HUISSIER, rentrant.

M. le ministre n'est plus là, monsieur ; on vient de lui apporter une dépêche et il est sorti par la porte de ses appartements.

BLANC-MISSERON

Et son secrétaire ?

L'HUISSIER

M. le secrétaire est sorti aussi, monsieur...

BLANC-MISSERON

Tiens !.. c'est curieux... — Enfin, je reviendrai... (*Il va pour reprendre son portefeuille et aperçoit la lettre de Chamberlot que l'huissier a laissée sur la table.*) Une lettre pour moi ?.. (*Il la prend.*)

L'HUISSIER, à part.

Aïe !

BLANC-MISSERON, décachetant la lettre.

« Jules Chamberlot! » (*A l'huissier.*) Il est revenu?

L'HUISSIER, balbutiant.

Je ne sais pas, monsieur... C'est une lettre que... que j'ai trouvée là... On l'aura apportée en mon absence.

BLANC-MISSERON, se contenant.

Apparemment... (*A part.*) Une provocation, sans doute... Ne faiblissons pas devant cet homme... (*Lisant la lettre.*) « Monsieur le député, j'ai l'honneur de vous communiquer une demande... (*Il achève sa lecture en silence et, à mesure qu'il lit, sa physionomie prend une expression joyeuse.*)... et bien respectueux serviteur. » Mais c'est une lettre d'excuses, ça!.. Voyons la demande... (*Il la parcourt.*) Justement, il a besoin de moi! Comme ça se trouve!.. Voilà un homme à qui j'ai le droit de demander une réparation, un homme qui peut me tenir au bout de son épée, comme je le tiens au bout de la mienne, et cet homme est obligé de respecter ma vie!.. S'il me blesse seulement, s'il fait couler une goutte de mon sang, rien qu'une goutte, il perd son protecteur, il brise sa carrière... (*Avec force.*) Et on croit que je ne me battrai pas?.. Allons donc! (*A l'huissier.*) Dites à M. Chamberlot que je veux le voir tout de suite.

L'HUISSIER

Mais, monsieur, je ne le connais pas!

BLANC-MISSERON

Et cette lettre qu'il vous a confiée?

L'HUISSIER

Cette lettre?

BLANC-MISSERON

Oui... Comment serait-elle là, si vous ne vous étiez
pas chargé de la remettre ?

L'HUISSIER

Monsieur... je vous jure...

BLANC-MISSERON

Chansons ! Je suis fin, moi, mon ami, entendez-vous ?
Je suis très-fin.

L'HUISSIER, à part.

C'est vrai ! Il a l'air très-fin aujourd'hui.

BLANC-MISSERON, avec bonhomie.

Allons, avouez qu'on vous a corrompu...

L'HUISSIER

Oh ! monsieur... si l'on peut dire ! (*Riant.*) J'ai reçu un
cigare...

BLANC-MISSERON

Un cigare ?.. Je vous en donnerai cent, si vous m'a-
menez tout de suite M. Chamberlot.

L'HUISSIER

Je vais tâcher de le retrouver.

BLANC-MISSERON

A la bonne heure !

L'HUISSIER, à part.

Ah ! ça, qu'est-ce qui se passe ?.. Je ne l'ai jamais vu
dans cet état-là ! (*Il sort par la gauche.*)

SCÈNE SIXIÈME

BLANC-MISSERON, puis CHAMBERLOT.

BLANC-MISSERON

Enfin, je vais donc pouvoir faire taire les rieurs... Ah ! messieurs... vous voulez un duel ?.. Eh bien, le voilà, votre duel !.. Et un duel sérieux, un duel avec un adjudant... (*Se reprenant.*) un lieutenant au 4e chasseurs... un officier décoré !.. — il va l'être — un homme qui tire l'épée comme le chevalier de Saint-Georges... Si, après cela, on dit que je n'ai pas fait mes preuves...

CHAMBERLOT, paraissant à la porte de gauche et parlant à la cantonade.

Oui... oui... c'est bien... soyez tranquille... (*Il referme la porte et descend.*)

BLANC-MISSERON, à part.

Le voilà !.. (*Il prend une pose.*)

CHAMBERLOT, à part.

J'ai promis d'être gentil... soyons gentil... (*Haut, s'inclinant.*) Monsieur...

BLANC-MISSERON, après un léger salut, — calme et digne.

Monsieur Chamberlot, sans doute ?

CHAMBERLOT

Oui, monsieur... Jules Chamberlot... pour vous servir...

BLANC-MISSERON, même jeu, avec une ironie voilée.

Pour me servir... d'une étrange façon ! — Vous me reconnaissez ?

CHAMBERLOT, embarrassé, tournant son chapeau.

Oui, monsieur... On vient de me dire... Mais croyez bien que j'ignorais... Sans cela... certainement...

BLANC-MISSERON

Oh! ne vous excusez pas, monsieur...

CHAMBERLOT, vivement.

Je ne m'excuse pas... (*Se contenant et reprenant son attitude soumise.*) Seulement... je regrette que... qu'un mouvement regrettable...

BLANC-MISSERON, à part, souriant.

Il cane!.. (*Haut.*) Cela suffit, monsieur... Je vous dispense d'autres explications... il n'en est pas besoin pour une affaire aussi simple... Vous m'avez offensé... j'ai le droit de vous demander une réparation... je vous la demande...

CHAMBERLOT, étonné.

Comment ?

BLANC-MISSERON

J'espère que vous ne refuserez pas de vous battre.

CHAMBERLOT, bondissant.

Moi!.. refuser de me battre!.. (*Avec force.*) Je ne refuse jamais.

BLANC-MISSERON

A la bonne heure !

CHAMBERLOT, changeant de ton.

Mais cette fois, par exception...

BLANC-MISSERON

Hein ?

CHAMBERLOT

Je suis bien forcé de reconnaître que ce duel est impossible.

BLANC-MISSERON

Impossible ?.. Ce duel ?

CHAMBERLOT

Vous êtes plus âgé que moi.

BLANC-MISSERON

Mais je vous demande pardon !

CHAMBERLOT

Père de famille, sans doute...

BLANC-MISSERON

Il n'est pas question...

CHAMBERLOT, continuant.

De plus, député et propriétaire. Je ne suis qu'un de vos électeurs... un modeste électeur.

BLANC-MISSERON, solennel.

Je le sais, monsieur; mais, comme fils de 89, j'estime que le principe d'égalité doit être respecté par ceux-là mêmes qui en sont la négation la plus évidente... Pour moi, vous êtes un homme et vous valez un homme... — plus peut-être !

CHAMBERLOT, s'inclinant.

Je vous remercie, mais...

BLANC-MISSERON

Ne parlons donc plus de ma supériorité ; je ne peux pas la nier, puisqu'elle existe; mais je l'oublie pour vous demander réparation de l'insulte que j'ai reçue...

CHAMBERLOT, à part.

Qu'est-ce qu'il disait donc, l'huissier ?.. Il est parfait cet homme-là !.. (*Haut.*) Écoutez, mon cher député... — vous me permettez de vous appeler mon cher député ?

BLANC-MISSERON, toujours digne.

C'est votre droit.

CHAMBERLOT

Eh bien, mon cher député, ce que vous dites-là me prouve que vous êtes un homme de cœur... et un honnête homme.

BLANC-MISSERON, à part.

Il me flatte...

CHAMBERLOT

Un homme devant lequel tout le monde doit s'incliner.

BLANC-MISSERON, à part.

Oui... oui... va ! aplatis-toi.

CHAMBERLOT

Aussi, je fais comme tout le monde ; et moi qui n'ai jamais fait d'excuses à personne, entendez-vous ? à personne... eh bien, je vous en fais !

BLANC-MISSERON

Vous me faites des excuses ?

CHAMBERLOT

Complètes.

BLANC-MISSERON

Je ne les reçois pas.

CHAMBERLOT, stupéfait.

Oh !

BLANC-MISSERON, appuyant.

Je - ne - les - re - çois - pas... (*Mouvement de Chamberlot.*)
Ah ! ça vous étonne ?.. On vous a dit, sans doute, que
j'étais un homme tranquille, patient, résigné ; que j'avais
pour principe de ménager en ma personne le sang de
trente mille électeurs ?.. Eh bien, monsieur, vous saurez
qu'il y a des moments où ce sang bout malgré moi, et
que, dans ces moments-là, je ne connais plus qu'un devoir : celui de la vengeance ; et une arme : l'épée !

CHAMBERLOT, à part.

Mais c'est un lion !

BLANC-MISSERON

Demain matin, mes témoins auront l'honneur de se
présenter chez vous.

CHAMBERLOT, avec bonhomie.

Parfaitement. C'est entendu. Je leur raconterai ce qui
s'est passé ; j'avouerai mes torts ; je dirai que vous avez
été aussi brave que généreux, et, dans ces conditions,
le duel n'aura plus aucune raison d'être...

BLANC-MISSERON, à part.

Ah ça ! mais il recule !.. mon duel va m'échapper...
(*Haut.*) Dites donc ! vous reculez !..

CHAMBERLOT, tressaillant.

Moi !

BLANC-MISSERON

Mais ça ne m'irait pas du tout, vous savez ? Nous devons nous battre, battons-nous !

CHAMBERLOT, à part.

Il est enragé... (*Haut.*) Voyons, ce n'est pas sérieux...

BLANC-MISSERON, avec colère.

Pas sérieux !

CHAMBERLOT

Écoutez-moi, mon cher député...

BLANC-MISSERON

Je n'écoute rien.

CHAMBERLOT

Puisque je vous tends la main.

BLANC-MISSERON

Je la repousse...

CHAMBERLOT, avec un air de doux reproche.

Oh !

BLANC-MISSERON

Je ne touche pas la main d'un lâche !

CHAMBERLOT, bondissant.

Moi ! ! un lâche !..

BLANC-MISSERON, à part.

Ah !.. il y vient !

CHAMBERLOT, éclatant de rire, — très-calme.

Non... c'est trop drôle... voyez-vous... j'aime mieux
rire...

BLANC-MISSERON

Comment ?..

CHAMBERLOT, riant.

Vous pouvez m'appeler lâche tant que vous voudrez,

allez ! Cela ne me fera rien du tout... (*A part.*) pourvu que j'aie ma croix.

BLANC-MISSERON, à part, exaspéré.

Ah ça !.. mais il ne se battra jamais, cet animal-là !.. Comment l'obliger ?.. (*Haut.*) Vous ne voulez pas vous battre ?

CHAMBERLOT

Non !

BLANC-MISSERON, s'approchant de lui.

Une... deux... trois... vous ne voulez pas vous battre ?

CHAMBERLOT

Non !

BLANC-MISSERON

Eh bien, tenez !.. (*Il lui donne un soufflet.*)

CHAMBERLOT, d'une voix formidable.

Tonnerre ! ! Un soufflet... à moi !.. Jules Chamberlot !.. (*Il va pour se précipiter sur Blanc-Misseron. S'arrêtant brusquement et changeant de ton.*) — Nous sommes quittes !

BLANC-MISSERON, stupéfait.

Hein ?

CHAMBERLOT, d'une voix contenue.

Avec tout autre, les choses ne se passeraient pas de cette façon-là... Mais j'ai fait un serment, et il faut que je le tienne.

BLANC-MISSERON, ahuri.

Qu'est-ce qu'il dit ?

CHAMBERLOT

Je vous ai donné une gifle... vous me l'avez rendue...
Rien ne s'oppose plus maintenant à ce que vous appuyiez
ma demande auprès du ministre. (*Il salue et sort.*)

SCÈNE SEPTIÈME

BLANC-MISSERON, resté seul, suffoqué.

Comment il s'en va?.. Il est parti?.. (*Courant à la
porte.*) Eh bien! et mon duel?.. (*Redescendant — Abattu.*)
Ah! ces choses-là n'arrivent qu'à moi!.. Après avoir
vainement cherché une affaire, je finis par en trouver
une... une affaire excellente, exceptionnelle, présentant
toutes les garanties possibles... Et elle m'échappe!.. et je
perds mon adversaire!.. un adversaire sûr... un homme
qui se serait conduit sur le terrain comme personne
n'a jamais eu le courage de se conduire!.. Ce n'est
pas de chance, vraiment! Était-il assez plat, ce Chamberlot!.. S'est-il assez roulé, hein?.. Si on l'avait vu,
encore!.. mais personne ne l'a vu... Il a eu bien soin de
ne pas appeler de témoins... lâche! Oh! mais tu me
paieras cela, va!.. Tu vas voir ce que je vais en faire de
ta demande, de ta honteuse demande... Réclamer la
croix de la Légion d'honneur! Un homme qui tremble
devant une épée!.. Fouinard, va!

SCÈNE HUITIÈME

BLANC-MISSERON, CHAMBERLOT.

(Chamberlot rentre par la porte du fond, il a l'air très-sombre.)

BLANC-MISSERON

Ah ! c'est vous, monsieur ?

CHAMBERLOT

Oui.

BLANC-MISSERON, avec défi.

Vous osez donc revenir ?

CHAMBERLOT, sèchement.

Vous le voyez.

BLANC-MISSERON, railleur.

Vous vous êtes dit sans doute que votre sortie avait
été un peu précipitée...

CHAMBERLOT, avec une colère concentrée.

En effet, j'ai réfléchi...

BLANC-MISSERON

Et le résultat de ces réflexions ?..

CHAMBERLOT, éclatant.

C'est que nous nous battrons.

BLANC-MISSERON, joyeux.

Vraiment ?.. vous consentez ?

CHAMBERLOT

Il demande si je consens ! !

BLANC-MISSERON

Eh bien, à la bonne heure ! je vous retrouve !

CHAMBERLOT

Et moi, donc !

BLANC-MISSERON

J'étais surpris de voir caner un homme comme vous...
(*Riant.*) Car, enfin, il n'y a pas à dire, vous caniez.

CHAMBERLOT, sourdement.

Oui... oui... je canais.

BLANC-MISSERON

Dire que vous n'avez pas bronché quand je vous ai
donné un soufflet !..

CHAMBERLOT, même jeu.

Assez !..

BLANC-MISSERON, riant.

Et un fameux soufflet, hein ?..

CHAMBERLOT, terrible.

Oh ! oui... un soufflet qui se paiera cher !..

BLANC-MISSERON, à part, le regardant.

Ses yeux s'allument... Il est superbe !..

CHAMBERLOT, s'animant.

Et très-cher, encore !

BLANC-MISSERON, à part.

Quel malheur qu'on ne le voie pas !

CHAMBERLOT

Si cher que je me consolerai de ne pas avoir rapporté
autre chose...

BLANC-MISSERON

Quelle chose?

CHAMBERLOT

Vous savez bien.

BLANC-MISSERON

Mais non! je ne sais pas...

CHAMBERLOT

La décoration que vous deviez me faire obtenir?

BLANC-MISSERON

Oui... Eh bien?

CHAMBERLOT

Cette décoration pour laquelle je vous ménageais, au point de... (*Fermant les yeux à la pensée qu'il évoque. — Avec force.*) Oh! mais... je n'ai plus à vous ménager, maintenant.

BLANC-MISSERON, inquiet.

Comment? vous n'avez plus à me ménager...

CHAMBERLOT

Pas le moins du monde... Ce n'était pas l'homme que je respectais en vous, ce n'était même pas le propriétaire, c'était le député influent.

BLANC-MISSERON

Eh bien?

CHAMBERLOT

Vous n'êtes plus influent : le ministère est changé.

BLANC-MISSERON

Qu'est-ce que vous dites là?

CHAMBERLOT

La vérité!.. C'est la nouvelle qui court déjà dans tout
Paris. Je viens de l'apprendre à l'instant.

BLANC-MISSERON, attéré.

Oh! mais vous me renversez...

CHAMBERLOT

Comme le ministère!..

BLANC-MISSERON, amèrement.

Triste jeu de mots, monsieur.

CHAMBERLOT

Ça m'est égal... Nous le réglerons en même temps
que les gifles.

BLANC-MISSERON

Les gifles?

CHAMBERLOT

Oui... celle que je vous ai donnée et celle que j'ai
reçue...

BLANC-MISSERON, essayant de sourire.

Eh bien... nous sommes quittes!

CHAMBERLOT

Vous trouvez, vous?

BLANC-MISSERON, interloqué.

C'est vous même qui me disiez...

CHAMBERLOT

Tout à l'heure... oui... mais plus maintenant!..

BLANC-MISSERON

Permettez!..

CHAMBERLOT

Maintenant, les paroles doivent faire place aux actes...
Sortons, monsieur!

BLANC-MISSERON

Comment? sortons!..

CHAMBERLOT

Ou attendons à demain... J'aime autant cela... Le
temps est au sec... Le terrain sera meilleur...

BLANC-MISSERON

Mais il ne s'agit plus...

CHAMBERLOT

Il s'agit de se battre et de se battre à mort.

BLANC-MISSERON

A mort!

CHAMBERLOT

Ou au premier sang, ça m'est égal... comme je suis
sûr de mon coup...

BLANC-MISSERON, pâlissant.

Quelle plaisanterie!..

CHAMBERLOT, avec éclat.

Une plaisanterie! Je ne plaisante pas, monsieur!.. je
ne plaisante jamais avec l'honneur!

BLANC-MISSERON

Oh! si vous faites intervenir l'honneur dans ces ques-
tions-là...

CHAMBERLOT

Tout le temps, monsieur! Je le fais intervenir tout le
temps.

BLANC-MISSERON, à part.

Quel homme! (*Haut.*) Voyons, mon cher monsieur Chamberlot...

CHAMBERLOT, avec force.

Ne m'appelez pas Chamberlot!

BLANC-MISSERON, surpris.

Comment voulez-vous que je dise?

CHAMBERLOT

Appelez-moi votre adversaire.

BLANC-MISSERON

Eh bien... mon cher adversaire...

CHAMBERLOT

Votre adversaire attend vos témoins.

BLANC-MISSERON

Je n'en ai pas.

CHAMBERLOT

Trouvez-en.

BLANC-MISSERON

C'est impossible. Je ne trouverai pas de témoins pour une affaire pareille... c'est ridicule.

CHAMBERLOT, bondissant.

Ridicule!

BLANC-MISSERON, vivement.

Je veux dire insignifiant... Le motif est si léger!.. Il n'y a pas de quoi fouetter un chat...

CHAMBERLOT

Pour un soufflet!!

BLANC-MISSERON

Eh bien, quoi?.. On en reçoit tous les jours, des soufflets.

CHAMBERLOT

Je n'en reçois pas, moi, monsieur... Je n'en reçois pas sans les laver dans le sang...

BLANC-MISSERON

Ne parlez donc pas de ça.

CHAMBERLOT

Si, monsieur, j'en parlerai... j'en parlerai jusqu'à ce que j'aie vu couler votre sang.

BLANC-MISSERON, à part.

Il est effrayant, ma parole d'honneur. (*Haut.*) Brisons-là! — Vous voulez des excuses?

CHAMBERLOT

Non!.. je veux du sang.

BLANC-MISSERON

Est-il ennuyeux avec son sang! (*Criant.*) Mais puisque nous sommes quittes!

CHAMBERLOT

Nous ne le sommes plus...

BLANC-MISSERON, à part.

Je n'en viendrai pas à bout... Quel homme! quand je veux me battre, il ne le veut pas; quand je ne le veux plus, il le veut. (*Se prenant la tête dans les mains.*) Ah! mon Dieu! mon Dieu! faut-il avoir du guignon pour tomber toujours sur des affaires pareilles.

CHAMBERLOT

Dites donc, quand vous aurez fini... je vous attends,
moi ! _

BLANC-MISSERON

Il m'attend ! — Voyons... soyons pratiques... Vous
trouvez que le soufflet que vous m'avez donné ne com-
pense pas celui que vous avez reçu ?

CHAMBERLOT

Non !

BLANC-MISSERON

Eh bien... donnez-m'en un autre !

CHAMBERLOT

Mais, monsieur.

BLANC-MISSERON, tendant sa joue.

Je vous en prie.

CHAMBERLOT

Vous le voulez ?.. (*Le giflant.*) V'lan !..

SCÈNE NEUVIÈME

LES MÊMES, L'HUISSIER.

L'HUISSIER, entrant au moment du soufflet.

Oh !

BLANC-MISSERON

Quelqu'un !.. (*A part, exaspéré.*) C'est toujours comme
ça !.. quand je tiens à être vu, on ne me voit pas ; quand
je ne veux pas être vu, on me voit.

L'HUISSIER, à Blanc-Misseron.

Monsieur, je venais vous dire...

BLANC-MISSERON, avec humeur.

Eh bien... quoi ?.. parlez !

L'HUISSIER

Que Monsieur le ministre est dans son cabinet.

BLANC-MISSERON

Le nouveau ministre ?

L'HUISSIER

Pardon !.. vous dites ?

BLANC-MISSERON

Je dis : c'est le nouveau ministre... celui d'aujour-
d'hui ?

L'HUISSIER

Mais non !.. monsieur... c'est l'ancien !.. celui d'il y a
quinze jours !

BLANC-MISSERON, à Chamberlot.

Qu'est-ce que vous disiez donc ?

L'HUISSIER, comprenant.

Ah ! monsieur a cru ?.. C'est une fausse nouvelle...

BLANC-MISSERON

Mais alors, je suis toujours influent, moi !.. (*A Chamberlot.*) Et ce deuxième soufflet...

CHAMBERLOT, très-humble.

Croyez, monsieur, que je regrette...

BLANC-MISSERON, vivement, bas.

Non ! non !.. cette fois-ci, je ne vous lâche plus. (*Haut.*) Vous m'avez donné un soufflet, monsieur... Sachez que je n'en reçois jamais !.. Et quand je les reçois, je les lave dans le sang.

L'HUISSIER, ébloui.

Oh !

BLANC-MISSERON, avec hauteur.

Vous m'avez compris ?

CHAMBERLOT, bas.

Pas trop !..

BLANC-MISSERON, bas.

Je vais me faire comprendre. Nous irons sur le terrain ; vous me tendrez votre bras, je le piquerai ; vous tomberez par terre ; puis nous déjeunerons et nous rédigerons un petit procès-verbal pour les journaux.

CHAMBERLOT

Permettez !..

BLANC-MISSERON

Et ce procès-verbal sera mis sous les yeux du ministre avec votre demande apostillée par un généreux adversaire.

CHAMBERLOT

Ah ! très-bien ! (*Il lui serre la main.*)

BLANC-MISSERON, haut, avec noblesse.

Et maintenant... j'attends les rieurs !

La toile tombe.

LA CAGE DU LION

Comédie en un acte, en vers,

Par M. HENRI DE BORNIER

PERSONNAGES

NELLY.
LORD EDWARD.
UN DOMESTIQUE.

LA CAGE DU LION

Dans le pays de Galles. — Un petit salon.

SCÈNE PREMIÈRE

NELLY, seule.

Elle tient une broderie qu'elle quitte pour regarder l'heure à la pendule.

Huit heures! — Préparons le thé de mon tuteur.
Sans lui, comme le temps s'écoule avec lenteur!
(Elle sonne, un domestique entre et apporte le thé que Nelly prépare,
le domestique sort.)
Ah! juste ciel! j'y songe... Et mes cahiers d'histoire
Qu'il doit examiner ce soir!.. Que va-t-il croire?
Que je suis paresseuse et que je n'ai rien fait,
Presque rien depuis hier...
                      Moins que rien, en effet.
Comme il va me gronder!.. Aussi, je le mérite!
Il est bon, oh! très-bon... mais, pour peu qu'on l'irrite!..
— Cependant, je voudrais, d'un zèle obéissant,
Reconnaître ses soins. Lui, ministre puissant,
Qui, perdant le pouvoir, garda toute sa gloire,
Orateur dont la voix charmait un auditoire,
Que l'Angleterre a vu tant de fois triomphant,
Me donner des leçons, à moi presque une enfant!
Oui... que suis-je à ses yeux? une petite fille;
Il me donne ses soins, étant de ma famille,

Mais peut-être demain il partira d'ici
Et ne songera plus à nous... Dieu! le voici.
(Elle va chercher les cahiers sur une table.)

SCÈNE DEUXIÈME

NELLY, LORD EDWARD.

LORD EDWARD

Nelly! Vous allez bien, mon enfant?

NELLY

Oui, sans doute.

Très-bien, Milord.

LORD EDWARD, l'observant.

Nelly, répondez-moi...

NELLY

J'écoute.

LORD EDWARD, en souriant.

Et vos extraits d'histoire?

NELLY

Ah voilà! cher tuteur...

LORD EDWARD

Vous deviez raconter la mort du Protecteur,
De Cromwell; vous m'avez promis une analyse
De ma leçon d'hier...

NELLY

Faut-il que je le dise?

Je n'ai pas su...

LORD EDWARD

Pourquoi ?

NELLY

C'est qu'en me rappelant
Votre récit d'hier, je n'osais qu'en tremblant
Essayer, après vous, de raconter moi-même.

LORD EDWARD, doucement.

Oh ! vous êtes craintive et modeste à l'extrême !
Je ne vous gronde pas aujourd'hui, mais demain
Je gronderai beaucoup si....

NELLY, suppliant.

Milord

LORD EDWARD, souriant.

Votre main !

NELLY, à part.

Il est charmant !

LORD EDWARD, à part.

Je suis trop sévère avec elle !
— Venez un peu, Nelly : comme vous êtes belle,
Ce soir ! — et pour qui donc cette toilette-là ?

NELLY

Pour vous seul, mon tuteur.

LORD EDWARD, riant.

Puis-je croire cela ?
Quoi ! pour un vieux tuteur...

NELLY, riant.

Pas si vieux !

LORD EDWARD

                                J'en suis aise !

NELLY

Vous n'avez que trente ans.

LORD EDWARD

                        Vous n'en avez que seize ;
Je suis vieux près de vous, Nelly ! — Regardez bien
Dans mes cheveux, enfant, là... Ne voyez-vous rien ?
Votre printemps commence et mon été s'abrége,
Et ce filet d'argent, c'est la première neige !

NELLY

Tant mieux ! l'instinct me dit qu'en dépit des railleurs
Dieu fait vieillir les bons pour les rendre meilleurs !
La douceur est plus douce en devenant plus grave ;
Le temps ne bannit pas le sourire, il le grave ;
Et, peut-être, on pourrait prouver, en bien cherchant,
Que l'on n'est vraiment vieux que lorsqu'on est méchant !

LORD EDWARD, riant.

Merci pour moi, Nelly, car je suis bon, j'espère,
Et j'ai vraiment pour vous la tendresse d'un père.
— Mais que vous parlez bien ! Voilà six mois bientôt,
Lorsque je vins ici, vous n'aviez, il s'en faut,
Ni tant d'esprit, Nelly, ni tant de bonne grâce...

NELLY, riant.

Il faut bien avec vous, que bêtise se passe !

LORD EDWARD

Vous étiez folle, espiègle et de sauvage humeur...

NELLY

Oh ! je ne grimpe plus aux arbres, mon tuteur !

LORD EDWARD

Vous êtes maintenant une grave personne,
Pensive, recueillie, et même je soupçonne
Que vous êtes un peu... romanesque, et je crois...

NELLY, gravement.

J'ai beaucoup réfléchi, c'est vrai, depuis six mois!
(Vivement.)
Mais je suis bien enfant aujourd'hui... je babille!
— Voulez-vous votre thé, mon tuteur ?

LORD EDWARD, allant vers la table.

Oui, ma fille.

Ah! voici les journaux.

NELLY, courant à lui, et lui enlevant le journal.

Milord, pas de journal!
Les journaux ont sur vous un pouvoir infernal ;
La boîte d'un journal, qu'on hait ou qu'on adore,
Est véritablement la boîte de Pandore ;
Ces grandes feuilles-là vous rendent brusque, amer,
Inquiet, agité, sombre comme la mer ;
Pas de journal, milord!

LORD EDWARD

Méchante que vous êtes,
Rendez-moi mon journal.

NELLY

Je crains trop les tempêtes!

LORD EDWARD, lui enlevant le journal.

Eh bien! il faut céder au plus fort.

NELLY, revenant vers la table.

Je le crois.

LORD EDWARD, ouvrant avec volupté le journal.

Actes officiels... Voyons. — Les maladroits !
Chambre des Lords... Discours de lord...C'est à confondre !
Ah ! J'eus décidément raison de quitter Londre ;
Pour voir ce qui se fait, entendre ce qu'on dit,
Bien mieux vaut s'être mis soi-même en interdit ;
Quand la majorité suit un tel ministère,
L'homme fort qui se trouve impuissant doit se taire.
(Il marche avec agitation. Nelly le suit avec une tasse de thé.)
Quelquefois un désir me prend, que je combats,
Pour écraser ces gens, de retourner là-bas !
Mais non, mieux vaut attendre et les laisser eux-mêmes
Se détruire, et porter alors les coups suprêmes ;
Cependant c'est bien long, bien long, en vérité !

NELLY

Mon tuteur, vous laissez refroidir votre thé !

LORD EDWARD

Bien ! Bien ! — Un tel discours est chose inconcevable.

NELLY

Lord Edward, votre thé ne sera plus buvable.

LORD EDWARD, brusquement.

Allons ! Voyons ce thé... Ce thé-là ne vaut rien ;
Il est trop froid.
(Nelly verse du thé chaud dans la tasse.)
Trop chaud maintenant !

NELLY, versant de la crème.

Est-ce bien ?

LORD EDWARD, reprenant le journal.

Qu'importe !

NELLY, lui enlevant de nouveau le journal.

Oh ! cette fois, plus de journal !

LORD EDWARD

Encore !
Laissez-moi donc..

NELLY

Rouvrir la boîte de Pandore !
Non pas ! non pas !

LORD EDWARD

Au fait, nous avons à parler
D'affaires, de ces baux qu'il faut renouveler.

NELLY

Des baux, pour moi ? Qu'importe ?

LORD EDWARD

Il n'est plus temps de rire.
— Je vous avais priée, hier au soir, d'écrire
A votre fermier John. — L'avez-vous fait ?

NELLY

Pardon !
Comme il viendra demain, j'ai cru...

LORD EDWARD

Belle raison !
— Et s'il ne venait pas ? On va mettre au pillage
Tous vos biens, mais, pour vous, c'est un enfantillage ;
Vos intérêts, conduits on ne sait pas comment,
Marchent... presque aussi mal que le gouvernement
Et vous ne savez'pas, quand je cherche à remettre
Vos intérêts sur pied, faire une simple lettre !

NELLY

Vous avez bien raison, mon tuteur, j'ai grand tort ;
Mais vous regretterez de me gronder si fort
Pour un oubli fâcheux... dont vous êtes la cause.

LORD EDWARD

La cause ? Moi !

NELLY

Je vais vous expliquer la chose.
(A part.)

Lui raconter cela, c'est peut-être imprudent ;
Mais c'est moins dangereux qu'un journal, cependant.
(Haut.)
Selon votre désir, milord, j'allais écrire
A John, mais j'ai perdu la matinée à lire ;
J'ai trouvé, ce matin, là, par un grand hasard,
Un livre que voici... Discours de lord Edward.
— Il m'a pris de les lire un désir invincible ;
Les comprendre, pour moi me semblait impossible...
Eh bien ! non ! J'ai compris, je n'ose dire tout,
Mais, enfin, j'ai tourné les pages jusqu'au bout,
Surprise d'abord, comme en face d'un problème,
J'ai senti qu'en lisant je m'élevais moi-même ;
Dans mon esprit passait un éclair, un flambeau,
Je me sentais pâlir, je m'écriais : c'est beau !
Je lisais à voix haute, et, plus émue encore,
J'entendais que ma voix devenait plus sonore ;
C'était comme un bonheur qui pénétrait en moi ;
J'étais heureuse, enfin, sans comprendre pourquoi,
Comme un enfant qui voit le roi dans son domaine ;
J'admirais la grandeur de l'éloquence humaine ;
C'est le même plaisir que j'éprouvai, je crois,
Quand j'aperçus la mer pour la première fois !

LORD EDWARD, souriant.

Oh! mais il faut calmer cette petite tête,
Nelly! — Je suis pourtant très-fier de ma conquête,
Car c'est une conquête, et je n'ai jamais vu
De triomphe plus grand ni de plus imprévu.

NELLY

Eh bien ! si vous vouliez... Mais non, non, je suis folle :
Vous me refuseriez !

LORD EDWARD

Quoi ?

NELLY

Non.

LORD EDWARD

Sur ma parole !
Je vous accorderai tout ce que vous voudrez.

NELLY

Comme vous êtes bon ! — Eh bien... — mais vous rirez.

LORD EDWARD

Allons !

NELLY

Eh bien! j'ai lu ces discours, je les aime,
J'ai lu, mais je voudrais vous entendre vous-même;
Je suis sûre qu'ils vont me paraître plus beaux.

LORD EDWARD

Pauvre enfant! Ces discours ne sont que des tombeaux;
Laissons dormir les morts, croyez-moi; c'est plus sage.

NELLY

De grâce, mon tuteur, seulement un passage !

LORD EDWARD, prenant le livre.

Tu le veux ? Cela va me causer quelque ennui !

NELLY, désignant une page.

Peut-être ! — C'est la fin d'un discours, de celui
Où vous accabliez le parti qui, naguère,
Osait vous accuser d'ambition vulgaire.

LORD EDWARD, souriant.

Eh bien ! soit, j'y consens.

NELLY, gaiement.

      Mais d'abord, cher tuteur,
Un peu de mise en scène.
    (Elle le place au milieu de la table.)
       Au milieu, l'orateur,
Cette tasse de thé figure, en conséquence,
Le verre d'eau sucrée où l'on boit l'éloquence.
    (Arrangeant un fauteuil à gauche.)
Ce fauteuil, c'est le banc de l'opposition.
    (Mettant une chauffeuse au milieu.)
Au centre, sont les gens douteux, sans passion.
    (Plaçant une chaise à droite.)
Ici, les amis sûrs, ceux qui toujours admirent...

LORD EDWARD, riant.

Miroirs flatteurs où tous les ministres se mirent !

NELLY, s'asseyant à droite.

Moi, je suis de ceux-là : Ministre, mirez-vous !

LORD EDWARD

Merci, ma chère enfant ! Votre rire est si doux,
Votre esprit si charmant dans sa petite ruse
Que ce jeu, qui pourrait me contrister, m'amuse !

NELLY

Je le prévoyais bien. — Commencez donc, milord :
Les amis du pouvoir applaudiront bien fort !

LORD EDWARD, lisant, en souriant d'abord, puis avec animation.

« Ambitieux, dit-on ? — Soit ! Mais je vous déclare
« Que mon ambition est d'une espèce rare;
« Les cœurs vaillants et purs dont la tourbe fait fi,
« Leur estime, sans doute, en tout temps m'a suffi...

NELLY

Très-bien !

LORD EDWARD

« ... Mais, plus encor, ce que j'ambitionne,
« C'est le mépris de ceux que la haine aiguillonne,
« De ces honteux amants de popularité
« Qui, m'ayant outragé, croient m'avoir irrité !

NELLY

Bravo ! Bravo ! Bravo !

LORD EDWARD

« Ces hommes dont je parle,
« Prêts à flatter Cromwell, prêts à courtiser Charle,
« Mordant après les pieds qu'ils ont léchés avant,
« Ces vils adorateurs de tout soleil levant,
« Ces faquins triomphants à force d'infamie,
« Leur insulte me plaît comme une voix amie,
« J'aime l'amer mépris de leur abjection...

NELLY, montrant du doigt le fauteuil de gauche.

Silence donc au banc de l'opposition !

LORD EDWARD

« Ce que j'ambitionne encore, et ce que j'aime,
« C'est mon estime, à moi, me l'accordant moi-même;
« C'est cet intime orgueil que Dieu met dans un cœur
« Qui se sent au-dessus du vulgaire moqueur,
« C'est la conviction d'être honnête, fidèle
« A la patrie, enfin d'être en tout digne d'elle;
« D'avoir sacrifié, quand on pouvait choisir,
« La joie et la jeunesse et le riant loisir,
« Et de rêver, au bout d'une existence austère,
« Le bonheur de mourir pour la vieille Angleterre! »

NELLY, se levant.

Que c'est beau, mon tuteur! comme on dut applaudir!
Comme vous deviez voir tous les fronts resplendir!

LORD EDWARD, amèrement.

Oui! — Quelques jours après, je n'étais plus ministre.
Une intrigue!

NELLY

Pourquoi prendre cet air sinistre?
Pourquoi regretter tant ce qui n'est pas perdu?
Honneurs, puissance, un jour tout vous sera rendu,
On viendra vous chercher dans votre solitude...

LORD EDWARD

Et quand? — Vous ignorez combien la chute est rude,
Nelly! Vous ignorez qu'on ne remonte pas
Au rang qu'on a perdu sans de graves combats;
Vous ignorez surtout la tristesse profonde
D'un cœur, vaste d'abord à contenir le monde,
Qui, tel qu'un vase vide au fond d'un morne oubli,
Garde le reste amer de ce qui l'a rempli!

NELLY

Mon tuteur ! — O mon Dieu, tout cela m'épouvante ;
Moi qui priais pour vous d'une âme si fervente !
La gloire, ce n'est donc qu'un souffle empoisonneur ?
Et le génie est donc l'ennemi du bonheur !
Quoi ! Vous dédaignez tout, le foyer, la famille,
Ma mère, vos amis, moi, presque votre fille ?
Notre humble affection n'est rien pour vous, hélas !
Nous qui vous aimons tant, vous ne nous aimez pas ?

LORD EDWARD

Oh ! ne crois point cela ! — Ma pauvre enfant, pardonne !
J'ouvre avec toi mon cœur, tu sais, je m'abandonne ;
Je ne te cache rien, je pense à haute voix ;
Mais je t'aime, Nelly ! N'est-ce pas, tu le vois ?
Je suis brusque souvent, je tempête, je gronde,
Mais je t'aime, Nelly ! — J'aime ta tête blonde
Qui se penche sur moi comme pour m'abriter
Contre les noirs démons qui viennent m'irriter ;
J'aime ta douce voix qui me calme, j'admire
Tes yeux où l'on dirait qu'un coin du ciel se mire ;
Ta bonté fait de toi l'ange de la maison,
Ta sagesse précoce enseigne ma raison,
C'est moi qui suis l'enfant, et, comme tout à l'heure,
Tu me fais un jouet des choses que je pleure !

NELLY

Oh merci ! mon cousin, vous me récompensez
De mon affection mieux que vous ne pensez.

LORD EDWARD

Oh ! donne-moi ton front ! — Viens, ma Nelly, de grâce.

NELLY, à part.

Il n'a jamais été si charmant... il m'embrasse

(Haut.)

Maintenant, cher tuteur, je ne puis oublier
Que vous m'avez grondée à cause du fermier.
Je vais écrire à John, ou même, tout de suite ,
Envoyer un exprès pour qu'il vienne plus vite.
Je cours, et je reviens aussitôt...

(En sortant vivement, elle renverse le fauteuil de gauche.)

Allons ! bon !
Silence donc au banc de l'opposition !

SCÈNE TROISIÈME

LORD EDWARD, seul.

Aimable enfant ! — Elle a, par un rare mélange,
De l'esprit comme un diable et du cœur comme un ange !
Car elle a de l'esprit, et du meilleur encor ;
Quelle charmante femme un jour ! Et quel trésor
Pour un mari ! Si gaie et si vive... et si belle !
Pourrons-nous lui trouver un mari digne d'elle,
Un homme qui saura l'apprécier ainsi
Que je le fais moi-même et la chérir aussi ?
Dire que quelque jour un sot, beau de visage,
Ou riche, peut avoir ce bonheur en partage !
Son cœur des faux semblants se défierait si peu !..
Puis, elle souffrirait... Mais je suis là, mordieu !
Avant de l'exposer à ce péril extrême,
Je ferai mieux cent fois de l'épouser moi-même !
— Que dis-je ! Ce serait une folie encor :
Je suis trop vieux gardien pour ce jeune trésor !
Trop vieux ?.. Non ; à quoi sert d'exagérer la chose ?
A trente ans, on n'est pas un vieillard, je suppose ;

Sans doute... Mais j'ai mis ma jeunesse en oubli,
Si je ne suis pas vieux encor, je suis vieilli!..
Les luttes, les chagrins, les orages de l'âme
Ont autour de mes yeux mis ce cercle de flamme,
La politique a fait de moi ce que je suis,
Elle a brûlé mes jours et dévoré mes nuits;
A d'impuissants regrets celui-là se condamne
Qui connut les baisers de cette courtisane!
C'est tout ce qui survit des gloires qu'on rêva :
Trente ans et le cœur vide... Oh! vieux jeune homme, va!

SCÈNE QUATRIÈME

LORD EDWARD, NELLY.

NELLY

Une lettre pour vous, mon tuteur.

LORD EDWARD

Une lettre?..

NELLY

Qu'entre vos mains, Seigneur, on m'a dit de remettre!

LORD EDWARD

De qui?

NELLY

De sir Bistrup, je crois, notre voisin.

LORD EDWARD

Charmant garçon!.. Il est un peu notre cousin.
Voyons ce qu'il me veut.

(Il lit; bientôt ses traits se contractent.)

Oh! la plaisante chose!

NELLY

Qu'avez-vous, mon tuteur!

LORD EDWARD

Oh ! rien.

NELLY

Quelle est la cause
De l'agitation où je vous vois?

LORD EDWARD

Mais rien !

NELLY

Vous me trompez, milord, vous me trompez!

LORD EDWARD

Eh bien!..
Au fait, j'aurais grand tort de ne pas vous le dire,
Car je suis sûr, Nelly, que vous allez en rire.

NELLY

Ah! voyons!

LORD EDWARD

Sir Bistrup demande votre main !

NELLY

Vraiment !
(Elle regarde longtemps lord Edward, paraît réfléchir, puis d'une voix
composée.)

Mon cher tuteur, vous n'êtes pas humain!
Vous recevez ainsi mes prétendants?.. De grâce !
Il ne faut pas, milord, en détruire la race.

(A part.)

Il paraît en colère... Augmentons sa fureur
Pour savoir... Mon tuteur ! mon tuteur ! mon tuteur !

LORD EDWARD

Voyons, ne rions pas : la chose est peu plaisante.
— Vous ne sauriez aimer l'homme qui se présente !

NELLY, se composant.

L'aimer... Je ne dis pas que je l'aime, grand Dieu !
Mais encor faudrait-il examiner un peu...

LORD EDWARD, nerveux.

Fort bien ! Examinons ; je consens à l'enquête ;
Examinons Bistrup des pieds jusqu'à la tête !

NELLY

Vous disiez, là, tantôt : c'est un charmant garçon.

LORD EDWARD

Charmant comme garçon, mais comme mari, non !

NELLY

Permettez : sir Bistrup est de famille illustre.

LORD EDWARD

C'est bien heureux pour lui, car c'est là son seul lustre !

NELLY

Son frère est lord.

LORD EDWARD

Son frère !

NELLY

Il est baronnet, lui !

4

LORD EDWARD

Baronnet... Qui n'est pas baronnet aujourd'hui?

NELLY

Aux courses, l'an dernier, à lord Fox il tint tête,
Son cheval arriva le premier...

LORD EDWARD

Brave bête!

NELLY

Il a voyagé.

LORD EDWARD

Seul?

NELLY

Le Mont-Blanc, il l'a vu :
Il y perdit son chien.

LORD EDWARD

Non, son chien l'a perdu.

NELLY

De sa personne... à voir la chose est très-facile,
Il est bien, même beau...

LORD EDWARD

Beau comme un imbécile !

NELLY

Ah ! je vois, mon tuteur, que vous ne l'aimez point.

LORD EDWARD

Et vous, vous l'aimez donc beaucoup?

NELLY

Pas à ce point.

Mais je lui rends justice.

LORD EDWARD

Oh ! jè vous félicite :
Vous allez épouser un homme de mérite !

NELLY

L'épouser... Pas encor.

LORD EDWARD

Si, vous l'épouserez...
Sans mon aveu, du moins.

NELLY

Vous le refuserez ?

LORD EDWARD

Lui, sans doute, et, de plus, quiconque lui ressemble.

NELLY

Vraiment, mon cher tuteur, vous m'effrayez ! Je tremble
De rester longtemps fille !

LORD EDWARD, vivement.

Eh bien ! le grand malheur

NELLY, à part.

Vraiment ? — Ah ! mon tuteur ! mon tuteur ! mon tuteur !

LORD EDWARD

A votre âge, Nelly, mieux vaut encore attendre.
Tout le monde a pour vous l'amitié la plus tendre,
Votre mère est pour vous d'une extrême bonté,
Elle ne fait jamais que votre volonté ;
— S'il est pour l'indulgence un tuteur exemplaire,
C'est moi, convenez-en.

NELLY

J'en conviens pour vous plaire.

LORD EDWARD

Pour me plaire, Nelly? Comment! vous en doutez?..

NELLY

Non, certes, mon tuteur. Cependant... écoutez :
Je visitais, un jour, une ménagerie,
A Londre. En parcourant la longue galerie,
Parmi les animaux, calmes ou furieux,
Un tableau singulier frappa surtout mes yeux.
J'admirais un lion, beau, fier, à l'œil sauvage,
Qui marchait lentement... lorsqu'au fond de la cage,
Dans un coin, j'aperçus un pauvre petit chien.
Comme j'en demandais la raison au gardien,
Le grand lion devant le petit chien s'arrête,
Le regarde longtemps, longtemps... La pauvre bête
Contemplait du lion le front majestueux
D'un œil à la fois doux, craintif, affectueux !
— Le lion, ce jour-là, se trouvait d'humeur douce,
Il approche du chien, le renverse, le pousse,
L'enlève entre ses crocs sans lui faire aucun mal,
Le traite en compagnon, en convive, en égal ;
Le petit chien semblait flatté, je dois le dire,
Comme un commis qui voit son ministre sourire ;
Bientôt, de leurs rapports n'ayant qu'à se louer,
Avec Son Excellence il veut aussi jouer ;
Il tire à belles dents la royale crinière,
L'attaque par devant, par côté, par derrière,
En jappant comme un chien qui s'amuse beaucoup ;
C'était vraiment plaisir de le voir... Tout à coup,
Le lion se redresse avec un cri terrible,
S'élance sur le chien d'un bond... c'était horrible !

Je pâlis de frayeur et j'appelle au secours,
Mais le gardien me dit : « C'est ainsi tous les jours ;
« Le lion n'en veut pas au chien, tout au contraire ;
« Seulement il le mord un peu pour se distraire. »
Eh bien !.. mon cher tuteur, vous comprenez... eh bien !
Vous êtes le lion, et moi le petit chien !..

LORD EDWARD, tristement.

Vous riez, mon enfant ! Votre joie est extrême
De m'offrir ce portrait de vous et de moi-même ;
Votre comparaison est triste cependant ;
Oui, je suis ce lion captif, vaincu, grondant,
Dont la caresse même est chose dangereuse,
Je vous effraie, enfant naïve et généreuse !
Dans un sombre regret mon cœur est enfermé,
J'ai perdu la douceur d'aimer et d'être aimé !
Fuyez donc ce farouche et laissez ce sauvage
A son ennui terrible. — Enfant, sors de ma cage !

NELLY

Mon tuteur, qu'avez-vous ? Vous pleurez... ô mon Dieu !
Je croyais seulement vous égayer un peu.

LORD EDWARD

Vous voulez cependant vous marier ?

NELLY

Non, certe !

LORD EDWARD

Oh ! malgré vous, Nelly, votre âme s'est ouverte,
Si ce n'est sir Bistrup, vous choisirez, un jour,
Un mari, jeune, beau, digne de votre amour ;
Vous ferez bien, Nelly, j'avais tort tout à l'heure,
La route simple et droite est toujours la meilleure.

Mariez-vous, Nelly!

NELLY.

　　　　Non, mon cher tuteur, non!
Je suis trop jeune encore et j'ai trop de raison
Pour suivre un tel conseil sans une longue étude;
De réfléchir j'ai pris avec vous l'habitude,
Je ne suis pas frivole et vaine, grâce à vous!
Je veux, pour mieux l'aimer, admirer mon époux;
Mes sentiments en tout sur ce point sont les vôtres,
Sir Bistrup me déplaît tout autant que les autres!

LORD EDWARD

Mais, en parlant de lui, pourquoi faire, en ce cas,
Un éloge pompeux des vertus qu'il n'a pas?

NELLY, hésitant.

Mon Dieu! c'était... c'était, pour vous mettre en colère.

LORD EDWARD

Comment! vous recherchez ce qui peut me déplaire?

NELLY, avec embarras.

Non! Je m'explique mal... Je voulais... mais aussi
Vous me questionnez!

LORD EDWARD

　　　　Que veut dire ceci?
— Voyons, Nelly, je veux savoir pour quelle cause...

NELLY

Mais je ne saurais plus expliquer bien la chose...

LORD EDWARD, la regardant fixement.

Je le veux! je le veux!

NELLY

Comme vous me parlez !
Ne me regardez pas ainsi !.. vous me troublez !

LORD EDWARD, à part.

Oui... son trouble... Impossible !.. Oh ! non, non !—C'est étrange
Cependant... ô mon Dieu, m'enverriez-vous un ange ?
Oh ! je veux à tout prix le savoir... Mais jamais
Elle ne m'avouera... Puis, si je me trompais !
— Essayons d'un moyen.

(Haut.)

Vous pensez donc, ma chère,
Que je crains de vous voir mariée ?.. Au contraire :
Comme un père ferait pour son enfant chéri,
Je tiens à vous guider dans le choix d'un mari ;
Je tiens même à trouver bientôt une alliance
Qui soit digne de vous et de ma confiance ;
Vous n'avez de parents que votre mère et moi,
Nous pouvons vous manquer tous deux bientôt...

NELLY

Pourquoi ?

Ma mère est jeune encore, et vous...

LORD EDWARD

Faut-il le dire ?
J'ai des projets, aussi, dont je dois vous instruire :
J'ai trente ans, il convient de mieux fixer mon sort
Et de me marier enfin. Aurais-je tort ?

NELLY, tressaillant.

Non, sans doute.

LORD EDWARD

J'ai même à ce sujet des vues.

NELLY

Ah !

LORD EDWARD

Voilà bien pour vous des choses imprévues,
N'est-ce pas, mon enfant?

NELLY

Et ce projet... Quelle est
Celle à qui vous... songez?

LORD EDWARD, l'observant.

Lady Jane Pawlet.

NELLY, sans songer à ce qu'elle dit.

Je ne la connais pas.

LORD EDWARD

Femme du plus grand monde,
Bien placée à la cour, fort riche...

NELLY, égarée.

Est-elle blonde?

LORD EDWARD

Non.

NELLY

Ah! très-bien! — Son âge?

LORD EDWARD

Oh! vingt-cinq ans, je crois.

NELLY, tremblante.

Vous aime-t-elle bien? Et vous?

LORD EDWARD

Comme tu vois.

NELLY, chancelante et tombant sur un fauteuil.

Lady Jane est heureuse... Et c'est à Londre même...

LORD EDWARD, courant à elle.

Reviens à toi, Nelly ! Tu m'aimes, et je t'aime !
Lady Jane Pawlet n'a jamais existé ;
Ma femme, ce sera Nelly.— Dieu de bonté,
Qui permettez qu'en moi toute flamme renaisse,
Merci ! — Comme il est doux de sentir sa jeunesse !
Ce bonheur revenu, je te le dois, Nelly ;
Quand je t'ai vu pâlir, mon cœur à tressailli ;
J'ai retrouvé soudain, pour toi, ma noble femme,
Tout un trésor d'amour enfoui dans mon âme !
— Tu ne me parles pas, ma Nelly ! Qu'as-tu donc ?
Te voilà pâle encore. Oh ! réponds-moi !

NELLY, se levant et le regardant avec douceur.

Pardon !
Ce qui se passe en moi, je ne puis le comprendre ;
Vous si fier, vous si grand, comme vous êtes tendre !
— Ce bonheur, dont le rêve était à peine en moi,
M'inspire cependant une sorte d'effroi !
Pendant que vous parliez, une idée inconnue,
Avec le sentiment du bonheur m'est venue ;
Une voix, dans mon cœur qui s'ouvrait à l'espoir,
Quand vous disiez : amour ! a répondu : devoir !
J'ai compris ce grand mot qui, lorsqu'il vient de l'âme,
Reste comme un parfum aux lèvres de la femme !
Une pensée encor qui m'a fait tressaillir,
C'est qu'il est, avant tous, un devoir à remplir,
Et qu'il faut être sûre, en femme généreuse,
De rendre heureux celui qui veut nous rendre heureuse !

LORD EDWARD, souriant.

Mais de me rendre heureux vous ne sauriez douter,
Chère Nelly !

NELLY

Daignez, de grâce, m'écouter.
Je serai, je le sens, bonne et loyale épouse ;
J'ai mon défaut, pourtant : j'ai l'âme trop jalouse ;
J'ai pâli tout à l'heure à ce nom emprunté
De lady Jane...

LORD EDWARD

Qui n'a jamais existé !

NELLY

Il existe, milord, une autre lady Jane !
C'est votre ambition, c'est la gloire qui plane,
Comme un oiseau divin, devant vos yeux, toujours ;
C'est l'amour du pouvoir, le plus grand des amours !
Oui, lady Jane existe et serait ma rivale,
Et la lutte entre nous ne serait pas égale.

LORD EDWARD

Tu te trompes, enfant : un homme peut avoir
L'amour de la famille et l'amour du pouvoir ;
Sa femme dans son cœur gardant tout l'avantage,
Il peut se partager...

NELLY

C'est cela : le partage !

LORD EDWARD

Et, d'ailleurs, ce pouvoir dont ton cœur s'effraîrait,
Je ne l'ai plus, Nelly...

NELLY

Vous auriez le regret !
Je vous verrais en proie aux désirs, aux alarmes ;
Je vous fatiguerais de plaintes et de larmes,
Vous seriez malheureux par ma faute, et j'entends
Le devoir qui me dit : « Il faut attendre ! Attends ! »

LORD EDWARD

Ce scrupule, Nelly, vient d'une âme trop bonne ;
Mais n'exagérons pas ce que Dieu nous ordonne ;
Quand tu réfléchiras, Nelly, tu verras bien
Que mon ambition n'est ta rivale en rien.

NELLY

Permettez-moi, du moins, d'en attendre la preuve,
Moi-même je me dois soumettre à cette épreuve,
Et quand ma crainte aura disparu tout à fait,
Je serai plus heureuse et meilleure en effet.

LORD EDWARD

Eh bien ! nous attendrons... mais peu de temps, j'espère ;
Le mari, jusque-là, Nelly, restera père.

SCÈNE CINQUIÈME

LES MÊMES, UN DOMESTIQUE.

LE DOMESTIQUE

Milord, sir William Berestfort vous attend
Dans la bibliothèque. Il arrive à l'instant.

LORD EDWARD

De Londre ?

LE DOMESTIQUE

Oui, milord.

LORD EDWARD, à part.

De Londre... Que veut dire?

NELLY

Si vous le désirez, milord, je me retire.

LORD EDWARD

Non, je veux te parler encore. Je reviens.
Mais tu réfléchiras en m'attendant; j'y tiens.

SCÈNE SIXIÈME

NELLY, seule.

Voilà donc le bonheur : un doute dans un rêve !
Édifice tremblant sous la main qui l'élève,
Horizon qu'un éclair permet seul d'entrevoir !
N'importe ! il est bien doux, ce tourment de l'espoir !
Joie et chagrin pour moi, tout était éphémère,
Je voyais l'univers dans les yeux de ma mère,
Je me disais : aimer, c'est être heureuse !.. Enfant !
Aimer, c'est rendre heureux ; je le sais maintenant.
— Il ne le serait pas s'il me restait un doute,
S'il connaissait l'ennui que pour lui je redoute,
Si mon cœur, mon amour, ne lui suffisaient pas...
Oh ! le doute ! le doute !

SCÈNE SEPTIÈME

NELLY, LORD EDWARD.

LORD EDWARD

Enfant, viens dans mes bras!
De mon amour pour toi tu voulais une preuve,
Tu voulais que mon cœur fût mis à quelque épreuve ;
La preuve, la voici.

NELLY

Déjà ?

LORD EDWARD

Sir Berestford
M'annonce qu'un parti nouveau, puissant et fort,
Aujourd'hui même, a fait tomber le ministère ;
Ce parti triomphant, espoir de l'Angleterre,
M'a choisi pour son chef, pour son représentant
Au conseil de la reine. Il m'appelle, il m'attend.

NELLY

Vous parliez d'une preuve, et pourtant, il me semble...

LORD EDWARD

Quoi ! tu ne comprends pas ? Mais nous partons ensemble ;
Demain, titres, honneurs, pouvoir, tout m'est rendu ;
Il va luire, le jour du triomphe attendu !
Je vais voir accourir ces amis infidèles
Qu'on retrouve au beau temps comme les hirondelles ;
Mille séductions m'attendent au pouvoir,
Les serments vont venir, les dévouements pleuvoir...

5

— Eh bien ! Nelly, demain, devant tous, je proclame
Que je bénis l'exil où j'ai trouvé ma femme ;
J'accepte mes grandeurs pour les mettre à tes pieds,
Veux-tu, Nelly ?

NELLY, après une rapide réflexion.

Je veux que vous y renonciez.
Vous m'offrez tout cela ; j'en suis trop honorée,
Mais je veux mieux : je veux être à tout préférée !

LORD EDWARD

Mais tu n'y songes pas ? Ce n'est pas sérieux,
Quoi ! tu refuserais un destin glorieux,
Qui de lui-même vient nous chercher, nous sourire,
Pour une idée... assez romanesque, à vrai dire !
Un scrupule qui doit disparaître avant peu...

NELLY

Les scrupules du cœur, milord, viennent de Dieu !

LORD EDWARD

Mais réfléchis : après la femme qu'il adore,
Un homme a son pays qu'il doit chérir encore ;
Il est plus d'un devoir à remplir, mon enfant ;
Je dois considérer mon parti triomphant,
Mes amis qui sur moi fondent leur espérance.

NELLY

Vous pouvez leur donner sur moi la préférence.

LORD EDWARD

Mais la sagesse veut...

NELLY

J'ai ma sagesse aussi,
(Montrant son cœur.)
Elle me vient de là. — Partez ; je reste ici.

LORD EDWARD

Non! renoncer à toi, je ne le peux, mais songe
Dans quelle anxiété ton scrupule me plonge!
Pour te persuader je ne trouve donc rien?

NELLY

C'est de votre bonheur qu'il s'agit, non du mien.

LORD EDWARD

Mais, si je pars, bientôt je reviendrai, j'espère,
Pour être ton mari...

NELLY

Sur l'âme de mon père!
Si vous partez... jamais!

LORD EDWARD

Eh bien! Nelly, ta main!
Qu'allais-je donc chercher? Quelque triomphe vain,
Des luttes, des périls, des déboires encore;
Oh! que j'aime bien mieux ta voix fraîche et sonore,
La grâce de ton front, ton sourire joyeux,
Et ta fleur de jeunesse éclose sous mes yeux!
Va! je renonce à tout ce que le monde envie,
Je ne veux que ton cœur pour y cacher ma vie,
De tous les dons du Ciel je ne veux que ta main;
Nous resterons, Nelly.

NELLY, avec éclat.

Nous partirons demain!
Vous m'avez préférée à ma seule rivale,
Il suffit. Entre nous, la tendresse est égale;
Triomphes, gloire, honneurs, succès qui vous sont dus,
Je les aime... à présent que je ne les crains plus!

La gloire d'un mari, c'est notre seule gloire,
Je n'y renonce pas.

LORD EDWARD

Et moi qui pouvais croire...
Mais tu n'en crains donc plus le charme empoisonneur,
Comme tu le disais?

NELLY

J'en ferai du bonheur.

LORD EDWARD

Et le lion, Nelly... ce lion si sauvage
Est dompté, cette fois...

NELLY

Aussi, j'ouvre la cage.

Le rideau tombe.

DE CALAIS A DOUVRES

Monologue en vers

Par M. Ernest D'HERVILLY

PERSONNAGE

Un Voyageur.   M. COQUELIN cadet.

*La scène se passe sur un paquebot à vapeur faisant la
traversée de Calais à Douvres.*

DE CALAIS A DOUVRES

(Le Voyageur constate avec une satisfaction inquiète et fébrile que le
steamer se met en marche.)

Ah!.. nous partons, je crois? — Oui... l'on ramène à terre
La passerelle. — Allons! cinglons vers l'Angleterre!
(Il agite son chapeau.)
Adieu, Calais, adieu !.. — c'est-à-dire, au revoir!
(Avec confiance.)
Superbe temps! — La mer est comme un beau miroir...
(Il manque de tomber.)
Allons, bon! — (souriant.) c'est le flot : nous sortons des jetées.
(Saluant l'étendue.)
Que c'est beau, cette mer aux vagues argentées,
Qui parle au ciel profond avec sa voix d'airain!..
(Il trébuche.)
Ah! diable!.. je n'ai pas encor le pied marin.
(Il cherche à s'asseoir.)
Suivons donc les avis de la simple prudence :
Asseyons-nous... Eh! eh! comme le bateau danse!
(Tombant sur un monsieur.)
Pardon, mon cher monsieur; je prends ce petit coin.
Oh! pour quelques instants ; Douvres n'est pas si loin...
Une heure au plus... une heure est bien vite passée...
(Avec une assurance confidentielle.)
Nous aurons une bonne et courte traversée,
Je crois, mon cher monsieur... Pour moi, je n'ai pas peur...
(Cherchant à nouer la conversation.)
La belle invention, monsieur, que la vapeur ?..

(Réfutant un argument.)

Je ne dis pas, la voile !.. — ah ! oui, la voile antique
Avait je ne sais quoi d'ailé, de poétique...

(Il aperçoit les baquets.)

Mais que passe-t-on donc là-bas... de peint en gris?
Ces petits tonnelets ?.. — Ah ! j'y suis! j'ai compris!
Bonne précaution! — Quel mortel peut répondre
En effet, d'arriver sans... au complet, à Londre?
Eh ! eh !..

(Reprenant la conversation.)

Mais nous disions qu'autrefois les vaisseaux...

(Il pique une tête en avant.)

(Ouf! quel coup de tangage!..) offraient aux grands pinceaux
Des Vernet, des Gudin, une grâce, une ligne!..

(Il retombe sur son voisin.)

Nous roulons maintenant d'une façon indigne...
Ça fait froid dans le dos.

(A son voisin.)

Monsieur, ce paquebot

Se comporte à la lame ainsi qu'un vrai sabot!

(Le voisin ne répondant rien, le voyageur murmure :)

Tiens, il ne répond rien... Il était si prolixe!..
Voyons, raidissons-nous. Regardons un point fixe,
On dit que ça remet. Là, contemplons ce mât.

(Il bavarde de nouveau.)

Londres a, m'a-t-on dit, un bien affreux climat,
Du brouillard, de la pluie, et pour boisson de l'ale...
De *l'aile* ? Oh oui, pardon!..

(A part.)

Oh! comme il devient pâle,

Mon voisin! — Hum! (Haut.) Monsieur voyage évidemment
Pour ses affaires? Moi, (Il s'étale.) c'est pour mon agrément.

(Confidentiellement.)

Je suis de Vaugirard. — Tiens, je sens un malaise...

(Il tire un flacon de sa redingote.)

Soignons-nous. Imitons cette fragile Anglaise

Qui boit si gentiment, — à même le goulot,
Le rhum de son flacon... (Il boit.)
(On lui présente un baquet.)
Non, merci, matelot,
Pas encore ! — Emportez votre baquet, mon brave !
(Soucieux.)
Eh ! comme tout le monde a l'air contrit et grave...
C'est étrange ! — Essayons de changer... d'horizon...
(Il essaie de se lever et de marcher.— Avec regret :)
On a tort de quitter sa petite maison,
Son chez-soi !..
(Il se rassied.)
Non, vraiment, ce n'est pas très-commode !
Ah ça ! comment faisait, pour débiter une ode,
A bord d'une galère, et bien loin d'être à sec,
Tout en pinçant du luth, ce musicien grec,
Arion, qui charmait — bienheureuses époques ! —
Sans avoir mal au cœur, les dauphins et les phoques ?
Pour moi, je ne saurais me tenir droit ici.
Pourtant, si je tâchais de m'accoter ainsi ?
(Avec répugnance, après avoir regardé ses voisins.)
Ah ! les vilaines gens ! en font-ils, des grimaces !
Bon ! voilà deux époux tombés comme des masses !
(Il s'installe.)
Enfin, je suis très-bien ; là, me voilà calé.
(Il admire la mer.)
La belle vague !..
(Il reçoit un paquet de mer en pleine figure.)
Ah ! pouah ! — Bon Dieu ! que c'est salé !
(Il se secoue comme un chien mouillé.)
Peuh ! — Me voilà trempé du faux-col aux bottines.
Ah ! Neptune, c'est mal ! — Mais en vain tu t'obstines !
Et je nargue Amphitrite et ses tristes appas ;
Dieux démodés, je meurs, mais je ne me rends pas !

5.

(Il tire un citron de sa poche.)

Grâce à ce tout petit citron de vingt centimes,
Je serai sain et sauf dans le pays du *Times*.
(Il grelotte.)
Oui, mais j'ai froid... et puis...
(Il tâte son estomac.)
Mon citron!!.—Ça va mieux.
Où donc est mon Anglaise avec ses jolis yeux.
Ah! la voici. — Bravo! jeune fille héroïque!..
Elle lutte toujours, à coups de Jamaïque!
Chère miss! quel teint blanc! quel humide regard!
Peut-être est-elle un peu blonde... comme un renard!
Mais qu'importe! A ses pieds on vivrait heureux, certe!
Oh! le « *home* » avec elle!
(Avec une grande stupeur.)
— Ah! qu'elle devient verte!..
Ah! Ciel! soutiens son cœur par le rhum inondé;
Courage, miss! — Trop tard! — Le flacon est vidé!
(Il se voile la face. — On le tire par l'habit.)
Çà, que veut mon voisin? — Hein? quoi? Monsieur vous dites?
Vous êtes bien malade? — Ah! oui... Vagues maudites!
Et vous voulez?.. du thé? — Je n'en ai pas sur moi!
Attendez!
(Il appelle.)
Hé! *Stewart? Tea! Tea!! Souchong!*—Ma foi,
Je ne sais pas l'anglais. — Que le diable le brûle!
Heureux sénat romain, sur sa chaise curule,
Il attendait la mort, — mais sans le mal de mer!
(Il regarde son voisin.)
Grand Dieu! que ce monsieur est vilain! — Il a l'air
D'un homme qui lirait des vers de tragédie!
(Sapristi, mon citron!) — O sombre perfidie
De l'onde! j'ai bien cru... — J'en suis tremblant d'émoi.
(Au voisin malade.)
Non, laissez-moi, monsieur! —Tant pis, chacun pour soi!

Vous êtes bien gentil; mais j'ai fait le possible!
Il n'est pas bon, en mer, d'avoir le cœur sensible.

(Pris d'un reste de pitié.)

Enfin!

(Il appelle.)

Waiter! Stewart! Il n'est vraiment pas beau!
Garçon! Ce passager va descendre au tombeau.

(Il abandonne le voisin à son triste sort.)

Ma foi, que ce monsieur passe du mal au pire...

(Avec férocité.)

Il n'a plus que son âme... à rendre... Qu'il l'expire

(Il suce frénétiquement son citron.)

Mon citron! mon citron! — O bon fruit espagnol!
Quelle position! Mon cœur bat comme un fol...
Sapristi!

(Avec ravissement.)

— Mais voici les côtes britanniques!
Enfin! merci, mon Dieu! Que nos terreurs paniques
S'effacent! — Quand on voit la terre, on est sauvé!
Soyons gai, soyons fier. — Eldorado rêvé,
Paradis immobile, ah! devant moi tu t'ouvres.
All right!.. Oui, nous voici juste en face de Douvres!
C'est fini.

(Il pâlit.)

Mon citron! — J'ai déjoué le sort.

(Avec un cri affreux.)

Hé! vite, matelot! — Hélas, j'échoue au port!

Le rideau baisse très-rapidement.

A LA BAGUETTE

Comédie en un acte

Par M. Jacques NORMAND

PERSONNAGES

LE GÉNÉRAL DE MARCILLAC.
LA GÉNÉRALE.
JOSEPH, DOMESTIQUE.

La scène se passe de nos jours, à Châteauroux.

A LA BAGUETTE

*Un salon. Porte au fond ; fenêtre à droite. Au premier
plan à gauche, un canapé. Fauteuils et chaises rangés
en demi-cercle, comme pour une réception. Des deux
côtés de la porte, consoles.*

SCÈNE PREMIÈRE

LA GÉNÉRALE, JOSEPH.

JOSEPH, en tablier blanc et en bras de chemise, entre en tenant deux
corbeilles de fleurs.

Madame la générale, voilà les corbeilles.

LA GÉNÉRALE

Hé bien ! posez-les sur les consoles.

JOSEPH, posant les corbeilles de travers.

Comme ça ?

LA GÉNÉRALE

Mais non ! vous les tournez du mauvais côté... Bon !
comme cela. (*A part.*) Oh ! ces Berrichons ! (*Haut.*) Vous
mettrez aussi quelques rosiers en bas de l'escalier.

JOSEPH

Mais madame la générale sait bien que monsieur le
général...

LA GÉNÉRALE

Je sais que j'ai l'habitude d'être obéie. Allez !.. (*Le rappelant.*) Joseph !

JOSEPH

Madame la générale ?

LA GÉNÉRALE

Vous avez dû recevoir ce matin une livrée ?

JOSEPH

Oui, madame, avec des galons et des boutons... Oh ! les beaux boutons !

LA GÉNÉRALE

L'avez-vous essayée ? vous va-t-elle ?

JOSEPH

Je crois, sans vantardise, pouvoir dire à madame la générale qu'elle me sied.

LA GÉNÉRALE

Hé bien ! disposez les rosiers en bas de l'escalier, ainsi que je vous l'ai dit ; allez mettre votre livrée et revenez ici aussitôt après. (*Elle va se regarder dans la glace en arrangeant ses cheveux.*)

JOSEPH

Oui, madame la générale. (*A part, sans bouger de place.*) En voilà un bouleversement depuis ce matin ! nettoyer le salon, ranger les chaises, mettre des fleurs partout... une livrée... Qu'est-ce qu'il va dire, le général, en voyant tout ça ?

LA GÉNÉRALE, se retournant.

Vous êtes encore ici ? Ne m'avez-vous pas entendue ?

JOSEPH

Si fait, madame la générale, j'y vais. (*Se retournant
sur le seuil de la porte.*) Oh ! ces Parisiennes ! ça vous a
des façons... (*La regardant.*) C'est égal, c'est bien gentil
tout de même ! (*Il sort.*)

SCÈNE DEUXIÈME

LA GÉNÉRALE, seule.

Voilà qui prend tournure, peu à peu ! Ce n'a pas été
sans peine. Ah ! Châteauroux, Châteauroux, chef-lieu du
département de l'Indre, ville paisible et tranquille s'il
en fut jamais, qui t'eut dit qu'un jour tu assisterais à
un pareil miracle ? Une réception organisée, une maison transformée, un salon froid comme une tombe,
devenu fleuri comme un jardin, un lourd paysan changé
en domestique... ou à peu près : et tout cela en quelques
heures ! Hé bien ! ce travail, on l'a fait, et, comme le
bon Dieu après le sixième jour, on a bien le droit de
se reposer un peu ! (*Elle s'asseoit.*) Me reposer ! quand
le plus difficile est encore à faire ! Transformer les
choses, passe encore : mais les hommes ! De quel air le
général va-t-il prendre mes idées subites de métamorphose, de rajeunissement complet, lui qui tient si fort à
ses habitudes et hait toute espèce de changement ? Je
prévois déjà un orage de « Bien !.. très-bien !.. parfaitement bien !.. » ce qui est, chez lui, la plus vive mani-
festation de la colère !.. Bah ! il m'aime tant et je l'aime
tant moi-même, ce brave cœur... Oubliera-t-il que, malgré
ses cinquante ans, le double de mon âge, je l'ai préféré

à nombre d'autres plus jeunes que lui ? Il est vrai que, veuve d'un mari jeune, trop jeune, j'avais acquis une expérience... dont j'ai profité. Oh ! oui ! c'est bien pour lui que je combats, et certes c'est là la meilleure défense à opposer à vos attaques, monsieur le journaliste ! (*Tirant un journal de sa poche.*) Quand je pense que cet entrefilet de quelques lignes, paru hier dans le *Courrier de Châteauroux*, et que, grâce au ciel, mon mari n'a pas vu, a suffi pour causer ce dérangement. (*Lisant.*) « Le « général de Marcillac, nommé récemment commandant « de la 4ᵉ subdivision de la 19ᵉ division militaire dont « le siége est dans notre ville, est arrivé depuis une « quinzaine de jours. On sait que... » (*S'interrompant.*) Un pas de cheval dans la cour... c'est mon mari qui revient de la promenade... cachons ceci... (*Elle met le journal dans sa poche et va à la fenêtre dont elle soulève le rideau.*) Il descend de cheval... il aperçoit les fleurs de l'escalier... Oh ! quel froncement de sourcils ! il monte... (*Revenant sur le devant de la scène.*) C'est singulier... il me semble que j'ai peur... Peur ! moi ! femme d'un militaire depuis cinq mois et Parisienne depuis vingt-cinq ans... allons donc ! (*Elle s'asseoit sur le canapé à gauche, le dos tourné à la porte, et travaille à sa tapisserie.*)

SCÈNE TROISIÈME

LE GÉNÉRAL, LA GÉNÉRALE.

LE GÉNÉRAL, tenue négligée. Large pantalon, gilet de toile, cravate de couleur, chapeau de feutre, cravache à la main. En entrant, il regarde le salon et fait un mouvement de surprise. Il va pour déposer sa cravache et son chapeau sur une des consoles, et y trouve la corbeille ; puis sur l'autre, même mouvement.

LE GÉNÉRAL, à part.

Mais sacrebleu ! ce n'est plus un salon ici !.. c'est une serre ! (*Il dépose les objets sur une chaise, et s'avance vers sa femme.*) Me permettrez-vous une question, ma chère amie ?

LA GÉNÉRALE, se retournant.

Vous, général ! Je ne vous avais pas entendu rentrer... (*Elle lui tend la main.*) Une question ? sans doute... mais c'est à moi d'abord de vous en adresser une. Votre promenade s'est-elle bien passée ?

LE GÉNÉRAL

Bien !.. très-bien !.. parfaitement bien !

LA GÉNÉRALE

(*A part.*) Hum !.. ça commence mal ! (*Haut.*) Je craignais la pluie au moment de votre départ.

LE GÉNÉRAL

La pluie ?.. un temps splendide ! un vrai temps d'Afrique, parole d'honneur !.. mais revenons à ma question...

LA GÉNÉRALE

Voyons...

LE GÉNÉRAL

Est-ce jour de fête aujourd'hui ?

LA GÉNÉRALE

Et pourquoi cela, mon Dieu ?

LE GÉNÉRAL

Mais tout semblerait l'indiquer. Ces fleurs innombrables, semées partout à profusion, ces siéges alignés en ordre de bataille... cette toilette...

LA GÉNÉRALE

Vous ne la trouvez pas bien ?

LE GÉNÉRAL

Si fait ! bien !.. très-bien !.. parfaitement bien !

LA GÉNÉRALE, lui faisant signe de s'asseoir.

Voyons, asseyez-vous.

LE GÉNÉRAL

Et où cela, s'il vous plaît ? Devant cette rangée formidable de chaises, je ne sais laquelle choisir...

LA GÉNÉRALE

Celle que vous voudrez.

LE GÉNÉRAL, s'asseyant sur la chaise la plus éloignée.

Voici !

LA GÉNÉRALE, se levant et allant s'asseoir auprès de lui avec
mutinerie.

Voilà !

LE GÉNÉRAL

Enfant ! Quadruple enfant !

LA GÉNÉRALE

Alors, tout cela vous étonne?

LE GÉNÉRAL

Vous avouerez que ce brusque changement dans vos habitudes...

LA GÉNÉRALE

Oh ! est-ce bien mes habitudes qu'il faut dire ?

LE GÉNÉRAL

Les miennes, si vous voulez...

LA GÉNÉRALE

Oh! les vôtres, pas davantage ! Depuis huit jours que nous sommes à Châteauroux, vous n'avez pas encore eu le temps, je pense, d'en prendre beaucoup.

LE GÉNÉRAL

Je crois décidément que vous ne voulez pas répondre à ma question.

LA GÉNÉRALE

Au contraire !.. C'est aujourd'hui vendredi, mon jour de réception.

LE GÉNÉRAL

Comme cela, dans la journée? Croyez-vous qu'à Châteauroux ce soit l'usage de...

LA GÉNÉRALE

Que m'importe Châteauroux? Cela se fait ainsi à Paris

LE GÉNÉRAL

Mais, sabre de bois! vous ne m'en aviez rien dit ?

LA GÉNÉRALE

Je m'y suis décidée subitement...

LE GÉNÉRAL

Comme ça, en deux temps?.. Une, deux! Serait-il
indiscret de vous demander pourquoi?

LA GÉNÉRALE

Ah! voilà!.. Pourquoi!.. (*Se levant.*) Mon cher général, si vous voulez exiger le pourquoi de tout ce qui
pourra vous étonner aujourd'hui, de toutes les demandes
que je vais vous faire, vous n'en finirez pas.

LE GÉNÉRAL, se levant.

Bien!.. très-bien!.. parfaitement bien! j'y renonce!
Mais pourquoi...

LA GÉNÉRALE

Allons! encore!.. Hé bien! parce que... (*A part.*) Je
ne sais vraiment comment lui dire cela. (*Le regardant
des pieds à la tête.*) Oh! le singulier pantalon que vous
avez là, mon ami!

LE GÉNÉRAL

Mon pantalon? Qu'a-t-il de singulier, mon pantalon?

LA GÉNÉRALE

Mais tout... la couleur... la forme... c'est la première
fois que vous le mettez?

LE GÉNÉRAL

La première fois! mon pantalon? Dix ans de service,
trois campagnes!.. souvenir d'Afrique!.. fait à Mosta-
ganem par un tailleur arabe... inusable, ma parole
d'honneur, inusable!

LA GÉNÉRALE, tournant autour de lui.

Pardonnez-moi de ne l'avoir pas encore remarqué. Vous ne pourrez m'en dire autant de votre jaquette, car c'est bien la première fois...

LE GÉNÉRAL

Ma jaquette, à présent !.. Trois ans de date, faite à Périgueux par... Mais, vingt-cinq mille trompettes, qu'avez-vous donc aujourd'hui, ma chère ? Vous avez l'air d'un capitaine en tournée d'inspection !

LA GÉNÉRALE

Justement, et, faut-il vous l'avouer ? le capitaine n'est pas content.

LE GÉNÉRAL

Pas content ! bigre de bigre ! Alors j'ai mérité la salle de police ?

LA GÉNÉRALE

Une réprimande seulement ! et cette réprimande commencera... par un compliment.

LE GÉNÉRAL

Oui, caresser d'abord pour frapper ensuite... Le mouvement tournant des femmes !.. Allons, je vous écoute !

LA GÉNÉRALE

Vous souvient-il du jour de notre mariage, mon ami ?

LE GÉNÉRAL

Belle question ! C'était le...

LA GÉNÉRALE

Ce n'est pas la date que je vous demande... croyez que

je ne l'ai pas oubliée. Hé bien ! le jour de notre mariage, — je ne sais vraiment comment vous dire cela, — quand je traversai avec vous la nef de la Madeleine, remplie de monde, tandis que l'orgue chantait à pleine voix et que l'encens montait dans l'air, je me suis sentie très-heureuse et très-fière... car mon général, ce jour-là, avec votre grand uniforme, toutes vos croix sur la poitrine, je vous assure, vous étiez... vous étiez très-beau !

LE GÉNÉRAL, flatté.

Vraiment ! j'étais... c'est-à-dire vous me trouviez...

LA GÉNÉRALE

Je l'ai dit : très-beau.

LE GÉNÉRAL

Ce jour-là ! mais depuis ?

LA GÉNÉRALE, regardant son pantalon à la dérobée.

Depuis... Écoutez-moi, mon ami. Vous voyez ce salon : hier, il était froid et sombre ; aujourd'hui le voilà gai, charmant même... et, pour cette métamorphose, il a suffi de quelques fleurs.

LE GÉNÉRAL

Quelques fleurs ?.. Vous voulez me couronner de roses ?

LA GÉNÉRALE

Non ! je veux seulement que vous changiez votre... souvenir d'Afrique.

LE GÉNÉRAL, bondissant.

Mon pantalon !.. dix ans de service...

LA GÉNÉRALE

Trois campagnes... Parfaitement!.. (*Continuant.*) Cette jaquette...

LE GÉNÉRAL

Ma jaquette! Mais qu'avez-vous donc contre cette pauvre jaquette ?

LA GÉNÉRALE, continuant toujours.

Cette cravate...

LE GÉNÉRAL

Aussi! mais elle ressemble à toutes les cravates. Voyons, ma chère amie...

LA GÉNÉRALE

Je veux que vous mettiez à la place une redingote noire...

LE GÉNÉRAL

Pourquoi pas un habit ?

LA GÉNÉRALE

La redingote me suffit... des bottes vernies, des gants gris perle...

LE GÉNÉRAL

Pour avoir l'air d'une gravure de modes, n'est-ce pas ? d'un cocodès, d'un... Mais vous ne réfléchissez pas que...

LA GÉNÉRALE, continuant sur le même ton de commandement.

Il faudra aussi peigner ces cheveux en désordre, relever cette moustache...

LE GÉNÉRAL

Jusqu'à ma moustache !

6

LA GÉNÉRALE

Raser cette barbe trop longue et... et c'est tout. Voilà
la consigne.

LE GÉNÉRAL

Rien que cela !

LA GÉNÉRALE

Pour l'exécuter, vous avez dix minutes... Allez et revenez !

LE GÉNÉRAL

Et à quels exercices étranges devrai-je me livrer, quand
je serai dans ce beau costume ? Danser ou faire des
tours de cartes ?

LA GÉNÉRALE

Rester ici avec votre femme et l'aider à recevoir les
visites qui lui viendront.

LE GÉNÉRAL

Rester ici avec vous, et recevoir... Oh ! quant à ça,
non ! Je ne suis pas un homme de salon, moi ! je suis un
soldat, moi ! sacr...

LA GÉNÉRALE

Prenez garde... vous allez jurer. Et comme ça ne vous
arrive jamais...

LE GÉNÉRAL, se promenant avec agitation.

Mais c'est qu'aussi, sacrebleu ! vous êtes d'une ori-
ginalité...

LA GÉNÉRALE

Moi !

LE GÉNÉRAL

D'une exigence !..

LA GÉNÉRALE

Parce que je veux que vous soyez plus élégant, plus coquet... beau , enfin , comme le jour de notre mariage.

LE GÉNÉRAL, s'arrêtant tout à coup.

Ah! je comprends! (*Il va à sa femme et, après une pause, lui prenant la main, doucement et un peu triste.*) Allons, chère enfant ! je vois où vous voulez en venir et j'avais prévu ceci depuis longtemps. Vos yeux, qu'une affectueuse indulgence tenait fermés, se sont ouverts peu à peu, vous avez regardé et , à côté de vous qui avez nom, jeunesse et beauté, vous vous êtes étonnée de me trouver, moi, qui ai le double de votre âge, moi, presqu'un vieillard : vous vous en êtes étonnée, et vous en avez souffert.

LA GÉNÉRALE

Oh ! je vous jure...

LE GÉNÉRAL

Eh ! parbleu ! vous ne pouvez vous en rendre compte vous-même : vous avez trop de délicatesse pour cela... Mais votre amour-propre est blessé.

LA GÉNÉRALE, à part.

Mon amour-propre !

LE GÉNÉRAL

Votre amour-propre est blessé, quand vous vous voyez pour mari une vieille culotte de peau comme moi !

LA GÉNÉRALE

Oh!..

LE GÉNÉRAL

Mais si! mais si... culotte de peau! je ne me fais pas d'illusion, vingt mille trompettes! et je sais bien ce que je suis!.. Aussi, c'est tout naturel... vous voudriez... vous voudriez me voir plus jeune, plus beau... comme vous le disiez tout à l'heure... Hélas! ma chère enfant, je ne puis passer ma vie en grand uniforme, ni me marier tous les jours!.. croyez-m'en donc: habituez-vous à ne voir en moi qu'un ami, un ami tout dévoué; prenez-moi avec mes faiblesses, mes défaillances, tous mes petits travers; enfin, ne me regardez pas à la figure, mais là, droit au cœur. Je ne suis plus jeune, mais...

LA GÉNÉRALE, résolûment.

Mais vous le redeviendrez.

LE GÉNÉRAL

Encore ?

LA GÉNÉRALE

Il le faut!

LE GÉNÉRAL

Vous me faites presque de la peine en insistant ainsi!

LA GÉNÉRALE, à part.

Oh! mon Dieu! (*Haut, résolûment.*) Je vous le répète : il le faut!

LE GÉNÉRAL

Il le faut... pour vous ou pour moi ?

LA GÉNÉRALE

Pour nous deux.

LE GÉNÉRAL

Du moment qu'il s'agit de vous... Et pourtant, jeune !
moi ! entre nous, je ne crois pas aux miracles.

LA GÉNÉRALE

Impie ! croyez-vous du moins à la magie ?

LE GÉNÉRAL

A la magie, non : aux magiciennes, peut-être.

LA GÉNÉRALE

Alors, soumettez-vous à leur pouvoir. On veut vous
métamorphoser.

LE GÉNÉRAL

Vous me direz au moins pour quels motifs...

LA GÉNÉRALE

Après la métamorphose.

LE GÉNÉRAL

Alors je risque fort de ne le savoir jamais, car cette
métamorphose...

LA GÉNÉRALE

Cette métamorphose ?

LE GÉNÉRAL

Eh bien !.. cette métamorphose n'aura pas lieu !

LA GÉNÉRALE

Mais vous venez de me promettre...

6.

LE GÉNÉRAL

Je n'ai rien promis du tout. Et puis, s'il le faut, je retire ma promesse.

LA GÉNÉRALE

Vous !.. un soldat ! oh !

LE GÉNÉRAL

Eh ! je ne puis consentir à une pareille folie !

LA GÉNÉRALE

Une folie qui a sa raison, je vous le promets.

LE GÉNÉRAL

Je ne puis me ridiculiser de la sorte ! je ne veux pas qu'on se moque de moi, bigre de bigre !

LA GÉNÉRALE

Mais au contraire, vous...

LE GÉNÉRAL

Enfin, chère amie, je suis désolé de vous refuser, mais vraiment...

LA GÉNÉRALE, s'appuyant sur l'épaule de son mari, avec câlinerie.

Vraiment ? même si je vous le demande ?

LE GÉNÉRAL

Même si... (*La regardant et se laissant fléchir.*) Pourtant, si vous le demandez...

LA GÉNÉRALE

Mais je ne fais que cela depuis une demi-heure !

LE GÉNÉRAL

Oui, mais vous ne le faisiez pas... comme cela. (*Après*

une pause.) Au moins, vous me promettez, à mon retour, de me donner la clef de l'énigme !

LA GÉNÉRALE

Je vous le promets, et vous verrez bien que mon amour-propre — accusé par vous — n'est nullement en jeu.

LE GÉNÉRAL

Donc, c'est entendu. Dix minutes et je reviens dans la tenue d'ordonnance. (*Il se dirige vers la porte. La menaçant du doigt.*) Mais, s'il n'y a pas quelque bonne raison pour expliquer ces extravagances, alors, mille tonnerres !..

LA GÉNÉRALE

Alors ?

LE GÉNÉRAL

Eh bien ! je me vengerai... (*Avec un soupir.*) si je peux !·

LA GÉNÉRALE, se parlant à elle-même, avec hésitation.

Oserai-je encore cela ? Ma foi ! allons jusqu'au bout ! (*Rappelant le général.*) Mon ami, un mot. Il est nécessaire, indispensable, pour la réussite de ce que j'entreprends, que vous ayez la moustache très-relevée. Vous savez, comme cela. (*Un geste significatif.*) Vous trouverez chez vous un nouveau cosmétique, merveilleux à ce qu'il paraît. Ne manquez pas d'en user...

LE GENERAL

Ah ! cette fois-ci... sacr...

LA GÉNÉRALE

Oh !

LE GÉNÉRAL

Vous vous moquez de moi.

LA GÉNÉRALE, câline.

Voyons, c'est le dernier sacrifice que je vous demande...
vous me ferez tant de plaisir...

LE GÉNÉRAL

Tant que ça!

LA GÉNÉRALE

Plus que ça encore!..

LE GÉNÉRAL

Allons! Faites-vous assez de moi tout ce que vous
voulez! Et pourtant, si je me fâchais de ces enfantillages?

LA GÉNÉRALE

Vous auriez tort, car bientôt vous m'en remercierez.

LE GÉNÉRAL

Moi? Enfin, j'obéis sans comprendre, et je vais... (*Se
retournant.*) Savez-vous qu'il faut que je vous aime terriblement pour faire ce que je fais là?

LA GÉNÉRALE

Savez-vous qu'il faut que j'en sois absolument sûre,
pour oser vous le demander?

LE GÉNÉRAL, sur le seuil de la porte.

Dans dix minutes.

LA GÉNÉRALE

Dans dix minutes.

SCÈNE QUATRIÈME

LA GÉNÉRALE, seule, puis JOSEPH

LA GÉNÉRALE

Enfin! je touche au but! grâce au ciel, cette comédie va bientôt finir. Il m'en coûte de me jouer ainsi de lui... supposer que je puisse rougir de son âge, souffrir d'être sa femme... Ah! cette supposition de sa part m'a fait mal! Il a même prononcé le mot d'amour-propre... Hélas! mes étranges demandes ne l'avaient que trop justifié. Tout cela, en effet, doit lui paraître inexplicable : qu'il lui a fallu de bonté et de patience pour ne pas s'en fâcher! J'ai hâte de le voir revenir pour lui tout apprendre... Heureusement que j'ai là ma justification. (*Tirant le journal de sa poche.*) Plus j'y pense, à ce misérable article, et plus je le trouve plat et méchant. (*Lisant.*) « On sait que le général, qui a cinquante ans bien sonnés, « a épousé, il y a quelques mois à peine, à Paris, une « charmante veuve de vingt-cinq ans... » (*S'interrompant.*) Charmante? Il y a des gens qui le disent. Oh! il est très-aimable pour moi, cet article; mais voici qui l'est moins pour mon mari : (*Lisant.*) « Nous espérons « que le séjour de notre ville ne déplaira pas trop à la jeune « Parisienne; en tout cas, notre musée... (*Jetant le journal avec indignation, et se levant.*) Les sots! lui! le plus dévoué, le plus aimable des hommes! lui reprocher... (*Se rasseyant.*) Ah! comme je m'indignerais, si je n'avais trouvé mieux à faire!

SCÈNE CINQUIÈME

LA GÉNÉRALE, JOSEPH.

JOSEPH. Il entre gauchement, revêtu de sa livrée, dans laquelle il a l'air tout emprunté.

Me voici, madame la générale.

LA GÉNÉRALE, riant.

Quelle tournure ! allons ! avancez... (*Il s'avance.*) Tenez-vous droit.

JOSEPH, se redressant.

Oui, madame la générale. Dieu ! que mon col me gêne !

LA GÉNÉRALE

Tournez-vous.

JOSEPH

Voici !

LA GÉNÉRALE

Remettez-vous droit.

JOSEPH

Voilà !

LA GÉNÉRALE

Boutonnez votre habit !

JOSEPH

Si madame la générale me permettait...

LA GÉNÉRALE

Faites ce que je vous dis.

JOSEPH, boutonnant son habit avec difficulté.

Y en a-t-il de ces boutons !.. Je ferai observer à madame la générale...

LA GÉNÉRALE

Rentrez votre cravate... Bon ! Et vos gants ?

JOSEPH

Ils sont dans ma poche, mais...

LA GÉNÉRALE

Hé bien ! mettez-les à vos mains.

JOSEPH

Tous les deux ?

LA GÉNÉRALE

Sans doute ! (*A part.*) Oh ! ces Berrichons !

JOSEPH, mettant ses gants à grand'peine.

(*A part.*) Oh ! ces Parisiennes ! (*Haut.*) Si madame la générale permettait...

LA GÉNÉRALE, l'interrompant.

Maintenant vous vous tiendrez dans l'antichambre et vous annoncerez toutes les personnes qui viendront me voir.

JOSEPH

Toutes ? Même celles que madame la générale connaît ?

LA GÉNÉRALE

Même celles-là.

JOSEPH, à part.

Je vous demande un peu à quoi ça peut servir.
Enfin !.. (*Haut.*) Si madame la générale voulait me
permettre...

LA GÉNÉRALE

Vous tâcherez de ne pas trop écorcher les noms.

JOSEPH

Écorcher ?

LA GÉNÉRALE

Mais vous ne savez donc pas le français ? Écorcher !
dire les noms de travers !

JOSEPH

Non, madame la générale, on n'écorchera pas !..

LA GÉNÉRALE

Allez !

JOSEPH

Si madame la générale voulait me permettre...

LA GÉNÉRALE

Quoi !.. voyons !

JOSEPH

Si madame la générale voulait me permettre... de lui
faire une petite observation...

LA GÉNÉRALE

Une observation ? vous renversez les rôles, monsieur
Joseph !

JOSEPH

Une observation... c'est-à-dire une remarque...

LA GÉNÉRALE

Dites vite.

JOSEPH

J'ai dans ma livrée quelque chose qui me gêne bien.

LA GÉNÉRALE

Et c'est?

JOSEPH, avec un soupir.

C'est... le col.

LA GÉNÉRALE

Ah! vraiment! vous ne pouvez pas tourner la tête
à gauche, n'est-ce pas ?

JOSEPH

Justement, madame la générale.

LA GÉNÉRALE

Ni à droite ?

JOSEPH

Pas davantage, madame la générale.

LA GÉNÉRALE

Pouvez-vous la baisser ?

JOSEPH

Impossible, madame la générale !

LA GÉNÉRALE

Hé bien! alors, de quoi vous plaignez-vous ? Il va
très-bien, ce col !

7

JOSEPH

Mais...

LA GÉNÉRALE

Allons ! on va bientôt arriver. Faites bien tout ce que je vous ai dit. (*A part.*) Oh ! ces Berrichons !

JOSEPH

Oh ! ces Parisiennes !.. Si c'était pas si mignon !...

SCÈNE SIXIÈME

LES MÊMES, plus LE GÉNÉRAL.

(Le général entre en redingote noire, gants gris-perle, tenue correcte sa moustache de grise est devenue noire.)

JOSEPH, l'apercevant et ne le reconnaissant pas.

Qu'est-ce que c'est que cet invité-là ? (*Le reconnaissant.*) Le général !

LE GÉNÉRAL, apercevant Joseph et ne le reconnaissant pas.

Qu'est-ce que c'est que ça ? (*Le reconnaissant.*) Joseph !

JOSEPH, annonçant.

Le général de Marcillac !

LE GÉNÉRAL

Imbécile !

JOSEPH

Je croyais... madame la générale m'avait dit...

LA GÉNÉRALE

C'est vrai, Joseph... laissez-nous !

(*Joseph sort.*)

SCÈNE SEPTIÈME

LE GÉNÉRAL, LA GÉNÉRALE.

LA GÉNÉRALE

Bravo ! Bravo ! Le capitaine est content !

LE GÉNÉRAL, un peu fâché.

Savez-vous, madame, que j'aurais envie de me fâcher tout noir ? (*Il frise sa moustache.*)

LA GÉNÉRALE

Tout noir ! (*Baissant les yeux.*) Ah ! oui... le cosmétique !

LE GÉNÉRAL

Une abominable teinture qui prend en un instant, et qui tient... Sacrebleu ! J'avais confiance en vous et bravement... (*Il fait le geste.*) Horreur ! le côté attaqué était passé au noir d'ébène, tandis que l'autre... une moustache mi-partie !.. j'ai dû faire le sacrifice complet ! Avouez que c'est pousser la plaisanterie un peu loin.

LA GÉNÉRALE

Vous êtes fâché ?

LE GÉNÉRAL

Fâché, non... et pourtant... mille tonnerres !.. Enfin, vous me permettrez au moins de vous demander les explications promises.

LA GÉNÉRALE

Comment donc ! (*Lui tendant le journal.*) Voici !

LE GÉNÉRAL

Un journal !

LA GÉNÉRALE

Oui. (*Lui montrant le passage.*) Lisez... ici.

LE GÉNÉRAL, lisant.

« Le général de Marcillac qui vient... etc., etc. On
« sait que le général.. etc., etc... une charmante veuve
« de vingt-cinq ans... » (*Parlé.*) Hé bien ?

LA GÉNÉRALE

Continuez.

LE GÉNÉRAL

« Nous espérons que le séjour de notre ville ne
« déplaira pas trop à la jeune Parisienne : en tout cas,
« notre musée archéologique ne peut manquer de l'in-
« téresser vivement, vu son goût pour les antiquités,
« goût que son récent mariage a bien clairement
« prouvé. » Bien !.. très-bien !.. parfaitement bien !.. Le
polisson !.. Je vais lui frotter les oreilles. Ah ! une anti-
quité, moi !.. mon chapeau !

LA GÉNÉRALE, lui tendant son chapeau.

Voici !..

LE GÉNÉRAL

Ah ! une ancienneté, moi !.. une vieille cruche archéologique, moi ! ma cravache !

LA GÉNÉRALE, même jeu.

Voilà !

LE GÉNÉRAL

Vingt-cinq mille carabines ! nous allons bien voir...

LA GÉNÉRALE, *tombant sur un fauteuil en riant.*

Ah ! ah ! ah !

LE GÉNÉRAL, *furieux.*

Comment, madame ! vous riez ! mais c'est une indignité ! vous ne comprenez donc pas l'injure qui m'est faite, qui nous est faite à tous les deux ? vous riez, quand je vais...

LA GÉNÉRALE, *très-calme.*

Embrasser la querelle d'un autre, n'est-ce pas ?

LE GÉNÉRAL

Comment ! d'un autre ?

LA GÉNÉRALE

Sans doute. De qui parle-t-on ici ? D'un vieux général de cinquante ans... (*Elle l'amène devant la glace.*) Et voici un colonel de quarante ans à peine. Qu'est-il de commun entre eux ?

LE GÉNÉRAL

Un colonel ?.. quarante ans ?.. moi ? (*Avec effusion.*) Ah ! chère enfant ! Je comprends enfin ! vous avez voulu...

LA GÉNÉRALE

J'ai voulu fermer la bouche à un sot. Il fallait ou relever cette plate injure, ou la faire tomber à faux. Le premier moyen était le plus simple, et tout homme l'eût choisi... Moi, femme, j'ai choisi le second, plus sûr et moins compromettant... Pour confondre encore davantage notre ennemi, j'ai organisé à la hâte un jour de

réception. J'ai envoyé des cartes d'invitation : on va
venir me rendre visite ; depuis huit jours que nous sommes ici, vous êtes fort peu sorti... on vous connaît à
peine ; on vous verra, et, croyez-m'en, les rieurs ne
seront pas de l'autre côté !

LE GÉNÉRAL, tendrement.

Bien !.. très-bien !..

LA GÉNÉRALE

Parfaitement bien !.. n'est-ce pas ? (*Avec câlinerie, lui
prenant le bras.*) Maintenant, mon cher général, direz-
vous encore que j'ai agi par vanité, par amour-propre ?

LE GÉNÉRAL

Pardonnez-moi d'avoir pu croire un seul instant...

LA GÉNÉRALE

Regretterez-vous d'avoir écouté mes enfantillages... et
employé mon cosmétique ?

LE GÉNÉRAL

Je ne regrette rien : puisque, grâce à vous, me voilà
jeune, jeune je resterai.

LA GÉNÉRALE

Enfin, désormais, croirez-vous tout à fait aux magiciennes ?

LE GÉNÉRAL

Si j'y croirai !.. cinquante mille trompettes ! Il le faut
bien : ici, choses et gens, n'avez-vous pas tout mené
à la baguette ?

JOSEPH, annonçant.

Monsieur le baron et madame la baronne de la Blanche-Hermine.

LA GÉNÉRALE

Le préfet et la préfette ! (*Au général.*) Attention !.. (*Avec un sourire.*) lieutenant !

Le rideau baisse.

LE COUPÉ JAUNE

Comédie en un acte

Par M. Henri DUPIN

PERSONNAGES

PÉLOUAS, banquier. (Ce rôle doit être joué avec un léger accent marseillais.)

VICTOR DE VERTEUIL, lieutenant de lanciers.

HORTENSE, jeune veuve.

SUZANNE, sa femme de chambre.

La scène est à Toulouse, dans le salon d'Hortense.

LE COUPÉ JAUNE

Un Salon.

SCÈNE PREMIÈRE

HORTENSE, PÉLOUAS.

(Au lever du rideau, Pélouas est aux genoux d'Hortense.)

HORTENSE

Quel enfantillage...

PÉLOUAS

L'amour est un enfant...

HORTENSE

Relevez-vous.

PÉLOUAS, à part.

Elle n'a pas encore fait poser ses tapis. (*Haut.*) J'y consens... mais aujourd'hui...

HORTENSE

Aujourd'hui comme toujours, vous perdrez votre procès.

PÉLOUAS

C'est vous, Hortense, qui allez perdre le vôtre, celui que votre mari vous a légué contre moi ; or, vous ne

pouvez plus hésiter à m'épouser... 1º Marc-Alexandre
Pélouas est le plus riche banquier de Toulouse ; 2º si
vous acceptez les chaînes de fleurs qu'il vous offre, elles
terminent un procès dont la perte peut vous ruiner...
3º... parce que, si vous n'êtes pas décidée... (*D'un air
sombre.*) moi je le suis...

HORTENSE

A quoi ?

PÉLOUAS

Hier, nous avons lu ensemble l'histoire de ce jeune
seigneur sicilien, qui à Milan s'est percé le cœur devant
une cantatrice, qui le dédaignait...

HORTENSE

Eh bien ?

PÉLOUAS

Je suis dédaigné... (*Il tire à moitié un poignard de sa
poche.*) Voyez ce stylet... (*Hortense fait un mouvement.*)
Ne redoutez rien... je ne me tuerai point... ici... je crains
encore qu'un spectacle déchirant fasse tomber une
larme de ces beaux yeux, de ces yeux excentriques...

HORTENSE

Mais vous me faites une scène...

PÉLOUAS

C'est la dernière... Vous ne me reverrez plus... puisque
rien ne vous touche...Adieu... adieu... (*Il va pour sortir.*)

HORTENSE

Attendez... (*A part.*) Serait-il assez fou ?..

SCÈNE DEUXIÈME

LES MÊMES, SUZANNE.

SUZANNE

La voiture de monsieur est à la porte.

HORTENSE

Eh bien ! Pélouas, qu'exigez-vous de moi ?

PÉLOUAS

Montez dans mon coupé...

HORTENSE

Dans votre coupé ?

PÉLOUAS

J'abandonne le procès : allez l'annoncer à votre avoué !

HORTENSE, émue.

Pélouas, je vous sais gré... mon avoué m'attend ce matin... mais c'est à deux pas, j'irai à pied.

PÉLOUAS

Non, prenez mon coupé pour revenir plus tôt... car, loin de vous, les secondes sont des heures, les minutes des jours, les jours des années, et je veux vous revoir encore une fois !

HORTENSE

Eh bien ! soit, j'accepte le coupé ; Suzanne, mon chapeau... mais à votre tour acceptez ce soir un souper où il ne sera question ni de procès ni de trépas ; au contraire, on y parlera peut-être... de fiançailles...

PÉLOUAS, lui baisant la main.

Vous me sauvez la vie !.. tant de générosité !..

HORTENSE

Il faut bien répondre à votre procédé... (*A part.*) Au fait, pour un mari, il a le principal : il est riche. (*Suzanne rentre avec le chapeau. Hortense, après l'avoir mis, sort.*)

SCÈNE TROISIÈME

PÉLOUAS, SUZANNE.

PÉLOUAS, à part.

Je suis content de moi... j'ai été tendre, éloquent et persuasif. (*Se frottant les mains.*) Je m'apercevais bien, depuis quelque temps, que, dans les affections d'Hortense, je faisais des progrès fabuleux... Suzanne, toi à qui ta maîtresse confie ses plus secrètes pensées,... elle doit te parler de moi ?

SUZANNE

De vous, monsieur ?.. Jamais !.. Ah ! si fait, le jour où vous l'avez menée à la promenade, en rentrant, madame plusieurs fois s'est écriée : ah ! que ce Pélouas m'impatiente, qu'il est insupportable !

PÉLOUAS

Je sais pourquoi... Ce soir-là, je lui avais fait une petite scène de jalousie... mais hier je l'ai conduite au spectacle, elle s'est fort amusée !..

SUZANNE

Vous vous trompez, monsieur, car, en la déshabillant,

je lui ai demandé des nouvelles de la pièce... La pièce ?
elle m'a autant ennuyée que Pélouas.

PÉLOUAS

Vois comme le beau sexe est dissimulé : cette femme
qui te fait accroire que je l'impatiente, que je l'ennuie...
elle va s'unir à moi... par des liens indissolubles...

SUZANNE

Eh bien ! monsieur, vous m'étonnez !.. C'est un caprice...
hâtez-vous d'en profiter. (*On entend une musique militaire. Suzanne court à la fenêtre.*) C'est un régiment de
lanciers qui arrive...

PÉLOUAS, se frappant le front.

Je me rappelle que le général, qui commande le département, m'a donné rendez-vous, je serai de retour avant
Hortense. (*Il prend son chapeau.*)

SUZANNE

Vous fréquentez beaucoup ce général ?

PÉLOUAS

C'est un ami intime... il me dispense de loger les gens
de guerre... Célibataire, cela m'était presque égal, mais
maintenant me voilà marié !.. courons-y. (*Il sort.*)

SCÈNE QUATRIÈME

SUZANNE, seule.

Cours, cours... tu n'attraperas personne, c'est plutôt
toi... Cependant, il faut à présent que je lui parle avec

moins de franchise... il va devenir mon maître... (*On
entend le bruit d'une voiture qui entre dans la cour.*) La
voiture qui rentre? (*Regardant dans la coulisse.*) Ma
maîtresse. Mon Dieu! quel air troublé!..

SCÈNE CINQUIÈME

SUZANNE, HORTENSE.

SUZANNE

Comment! madame... vous revenez sitôt?

HORTENSE, riant.

Ah! Suzanne!.. si tu savais...

SUZANNE

Quoi donc?

HORTENSE

Chut! (*Allant à la porte.*) On monte l'escalier; je me
sauve.

SUZANNE

Mais pourquoi?

SCÈNE SIXIÈME

VICTOR, SUZANNE.

VICTOR, dans la coulisse.

Ventrebleu! morbleu! sacrebleu!.. ça ne se passera
pas comme ça!.. (*Entrant.*) C'est dans cette maison

qu'est entré le coupé. (*Voyant Suzanne*.) Ah! c'est donc vous, madame, qui avez failli m'écraser?

SUZANNE

Plaît-il, monsieur?

VICTOR

Comment, plaît-il?

SUZANNE

Je ne vous comprends pas!

VICTOR

Comment! vous ne me comprenez pas? (*A part*.) Diable! elle est jolie... ce n'est pas au commissaire du quartier que je vais m'adresser pour avoir une indemnité.

SUZANNE

Vous allez vous expliquer, j'espère...

VICTOR

Clairement... Votre cocher m'a déclaré la guerre, il a même commencé les hostilités. (*Montrant son schapska*.) On a envahi mon territoire, je poursuis l'ennemi sur le sien... je vais lever une contribution de guerre... C'est juste.

SUZANNE

Une contribution, vous me faites rire...

VICTOR

Trève de plaisanterie, je suis dans mon droit... vous me devez une réparation, si c'est vous... Or, comme c'est vous, je veux l'obtenir : est-ce que vous ne me trouvez pas de votre goût, par hasard?

SUZANNE

Je ne suis pas forcée de vous faire connaître mon opinion à ce sujet... seulement, je vous dirai que je vous trouve terriblement audacieux d'entrer ainsi et d'oser faire des propositions aux soubrettes.

VICTOR

Avec des charmes si piquants... tu n'es encore que soubrette ?

SUZANNE

Comment, tu !.. Eh bien ! il est sans gêne.

VICTOR

Parbleu ! nous autres militaires... tu n'es pas mon colonel... et puisque tu m'as insulté...

SUZANNE

Insulté... moi ?

VICTOR

Sans doute. — Au détour de la rue, le maladroit cocher du coupé jaune a tourné si court qu'il a failli me tuer... de plus il a défoncé mon schapska tombé dans la boue. (*Il le montre.*)

SUZANNE

Eh bien ! que voulez-vous que j'y fasse ?

VICTOR, impatienté.

Ah ! ça, finissons.

SUZANNE

Oui, finissez, je ne demande pas mieux !

VICTOR

Je te le répète tu m'as insulté... Avec un homme, ce serait un soufflet... mais c'est un baiser avec une femme.

SUZANNE

Fille... monsieur.

VICTOR, d'un air de doute.

Je le veux bien.

SUZANNE

Malhonnête !

VICTOR

Encore ! double insulte, double réparation.

SUZANNE

Ah ! par exemple !

VICTOR

Eh bien ! tu vas voir ! (*Il court après elle.*)

SUZANNE

Au secours ! au secours !

(Victor va l'embrasser, quand Hortense entre.)

SCÈNE SEPTIÈME

LES MÊMES, HORTENSE.

HORTENSE

Eh bien ! que signifie tant de bruit ?

SUZANNE, passant derrière sa maîtresse.

Mais, madame, c'est monsieur qui est fou !

VICTOR, à part.

La ravissante femme!

HORTENSE

En effet, il me semble que monsieur se conduit d'une façon un peu cavalière.

VICTOR

Pardon, madame, mais je suis insulté... j'ai reçu une offense et je veux une indemnité.

HORTENSE

Une offense, de qui?

VICTOR

Mais, à coup sûr, de cette jeune écervelée qui était dans le coupé qui a manqué de m'écraser...

SUZANNE

Madame sait-elle ce que veut dire monsieur?

VICTOR

Assez de dénégations, ma chère... assez!

HORTENSE

Monsieur, vous pourriez commettre une erreur! Retirez-vous, Suzanne.

SUZANNE

Volontiers, madame... (*A part.*) Je pense qu'elle va le mettre à la porte. (*Elle sort en regardant Victor.*)

SCÈNE HUITIÈME

HORTENSE, VICTOR.

VICTOR

Sacrebleu ! madame...

HORTENSE, effrayée.

Monsieur !

VICTOR

Pardon, madame, nous autres, lanciers... nous avons un langage un peu...

HORTENSE

Non ! beaucoup...

VICTOR

Mais je me modérerai, madame.

HORTENSE

A la bonne heure !

VICTOR

Voici le fait. Au coin de la rue, un imprudent cocher a pensé me tuer, mon schapska est tombé à terre... je l'ai peut-être ramassé un peu gauchement... j'entends alors un bruyant éclat de rire !.. Bien qu'étourdi du coup, je lève la tête pour voir quel était l'insolent...

HORTENSE

Pardon, monsieur, c'était...

VICTOR

Une insolente... très-bien... votre soubrette, à qui je demandais réparation quand vous êtes entrée, attendu que les pères, instituteurs, maîtres sont responsables des délits de leurs enfants, élèves ou serviteurs. Je sais mon Code, madame : ainsi que Catinat, j'ai quitté le barreau pour l'état militaire... L'éloquence du canon a remplacé celle de la parole... mais je n'ai pas oublié mon premier métier.

HORTENSE

Ce n'est pas ma soubrette, monsieur, qui se trouvait dans ce coupé.

VICTOR

C'est un homme peut-être ? Tant mieux ! Où est-il ? L'affaire sera plus facile à arranger...

HORTENSE

La personne qui se trouvait dans le coupé est devant vous.

VICTOR

C'est madame ?

HORTENSE

Oui, monsieur, je l'avoue, c'est moi...

VICTOR

Ma foi ! j'aime autant cela.

HORTENSE

Pourquoi ?

VICTOR

Parce que c'est vous, madame, qui me devez une réparation.

HORTENSE, froidement.

Monsieur, je ferai réparer votre... schapska, et tout sera dit...

VICTOR, à part.

Diable! ceci est assez aristocratique !

HORTENSE

Cela doit vous suffire, ce me semble.

VICTOR

Ce que vous m'offrez là, madame, c'est une réparation de garçon chapelier.

HORTENSE

Mais, monsieur, que prétendez-vous donc obtenir ?

VICTOR

Eh ! mon Dieu, madame, ce que je réclamais tout à l'heure de Suzanne. Je crois que votre soubrette se nomme Suzanne.

HORTENSE

Et que demandiez-vous à Suzanne, monsieur ?

VICTOR

Un baiser.

HORTENSE

Un baiser !

VICTOR

Un simple baiser, à moins que, jugeant vous-même que ma demande est trop discrète, vous ne vouliez m'en accorder deux.

HORTENSE, avec hauteur.

Monsieur, il est des plaisanteries qui sont du plus mauvais goût.

VICTOR

Mais je ne plaisante nullement, madame, et je vous prie de me permettre... (*Il veut l'embrasser. Hortense se recule. — Au même instant entre Pélouas.*)

SCÈNE NEUVIÈME

LES MÊMES, PÉLOUAS.

PÉLOUAS

Oh !

VICTOR, le regardant.

Eh bien ! qu'avez-vous ?

PÉLOUAS

Comment, ce que j'ai ?.. Primo, monsieur.

HORTENSE, à part.

C'est d'une audace !.. devant cet ennuyeux banquier, encore !

PÉLOUAS

En croirai-je mes deux orbites !

VICTOR

Pourquoi non ? Quel est cet intrus... ce laid ?

PÉLOUAS, piqué.

Comment... ce laid ?.. Secondo, monsieur...

HORTENSE, à part.

Oh ! quelle idée... C'est un moyen de m'en débarrasser... (*Haut.*) Monsieur est... mon mari.

PÉLOUAS

Hein ? (*A part.*) Que dit-elle ?

HORTENSE, bas.

Ne me démentez pas, ou je ne vous revois de ma
vie.

VICTOR

C'est votre mari ? — Eh bien, j'en suis enchanté. C'est
lui alors qui me rendra raison.

PÉLOUAS, vivement.

De qu'est-ce ?.. de quoi ?

VICTOR

De l'injure que j'ai reçue.

PÉLOUAS

Quelle injure ?

HORTENSE, à Victor.

En vérité, monsieur, je trouve vraiment très-sur-
prenant.

PÉLOUAS

Que dit donc ce monsieur ?

HORTENSE, bas.

Battez-vous, ou je ne vous épouserai jamais !

PÉLOUAS, stupéfait.

Plaît-il ?.. Me battre ?..

VICTOR

Oui, monsieur! vous battre avec moi, Victor de Verteuil, lieutenant au 5ᵉ de lanciers. Ah! vous êtes le mari.
Vous étiez dans le coupé avec... J'en suis ravi, c'est vous
qui vous êtes mis à rire.

PÉLOUAS

Moi?

VICTOR

Oui. Madame a voulu vous excuser en disant que
c'était elle. Mais... puisque votre femme me refuse la
réparation que je lui demande, ce sera vous, je le répète,
qui me la donnerez.

PÉLOUAS

Quelle réparation?

HORTENSE, à part.

Cet homme est vraiment par trop original.

PÉLOUAS

Primo, expliquez-moi?..

VICTOR

Vous savez tout, monsieur... et vous feignez...

PÉLOUAS

Je suis banquier, monsieur, et j'ignore tout.

HORTENSE, bas.

Taisez-vous, vous dis-je.

PÉLOUAS

Mais on va m'apprendre...

HORTENSE

Taisez-vous.

PÉLOUAS

Et je saurai alors...

HORTENSE

Mais taisez-vous donc !

PÉLOUAS

Si vous me coupez toujours.

VICTOR

Coupé! Vous voyez bien, monsieur, que vous êtes au fait... il s'agit du coupé. Plus de doute, vous étiez dedans.

PÉLOUAS

J'y suis encore.

VICTOR

Or, comme réparation de l'affront et du tort que l'on m'a fait, (*Il montre son schapska.*) je demande un baiser à madame.

PÉLOUAS, vivement.

Un baiser ! monsieur, une telle impertinence !

VICTOR, vivement.

Impertinence ! c'est trop fort ! Cette fois-ci, vous vous battrez, monsieur le banquier ; car vous m'avez insulté directement, je vais donc de ce pas chercher mes témoins. Mais il est encore temps... réfléchissez... un baiser ou un coup de pistolet.

PÉLOUAS

J'ai réfléchi, monsieur.

VICTOR

Vous choisissez ?

PÉLOUAS

Monsieur, vous n'obtiendrez pas le baiser ; plus tard, nous verrons lequel des deux recevra le coup de pistolet.

VICTOR, à part.

Le banquier serait-il en fond de courage !

PÉLOUAS

On connaît la bravoure des Pélouas ; en 1814, mon 'père, capitaine de la garde nationale, a battu les Anglais et sauvé Toulouse.

VICTOR

Le maréchal Soult y a peut-être un peu contribué ! Vous l'oubliez... monsieur Pélouas. Je vais revenir... et, moi qui n'oublie rien, j'amènerai mes témoins. (*A Hortense.*) Agréez, madame, mes hommages les plus respectueux. (*Il sort.*)

SCÈNE DIXIÈME

PÉLOUAS, HORTENSE.

PÉLOUAS

Un baiser ou un coup de pistolet ! Ah ! ça, mais quelle est cette énigme ?.. que veut-il dire ?.. à qui en a-t-il ?

HORTENSE

Comment, vous ne comprenez pas ?

PÉLOUAS

Nullement !

HORTENSE

Vous ne comprenez pas que pour effrayer ce militaire, pour lui faire peur, je lui ai dit que vous étiez mon mari.... et que, naturellement, j'avais un défenseur.

PÉLOUAS

Un défenseur ?

HORTENSE

Refuseriez-vous de m'en servir !.. Quoi ! monsieur Pélouas ! vous voulez m'épouser, et vous reculez devant le plus léger sacrifice ?

PÉLOUAS

Vous appelez un léger sacrifice, me faire casser un bras ou une jambe ! pis encore... léger sacrifice !

HORTENSE

Votre hésitation m'étonne... Que risquez-vous ? Ce matin, vous vouliez vous poignarder pour moi... Un duel offre au moins des chances de salut. D'ailleurs, monsieur, en cette circonstance, vous devriez être un peu plus dévoué, car c'est vous seul qui êtes cause de ce qui est arrivé !

PÉLOUAS

Moi ?

HORTENSE

Sans doute !

PÉLOUAS

Ah ! je serais curieux de savoir...

HORTENSE

Oui, monsieur, tantôt je voulais me rendre à pied chez
mon avoué, vous m'avez forcée de prendre votre maudit
coupé jaune, il a renversé ce militaire, écrasé son schapska ;
or, ce lancier susceptible demande une réparation. Maintenant, si vous avez peur, bien malgré moi, je me verrai
forcée, ainsi qu'il le veut, de... (*Elle hésite.*)

PÉLOUAS

De ?..

HORTENSE

De lui donner ce qu'il exige : seule réparation que
puisse accorder une femme.

PÉLOUAS

Arrêtez, Hortense ! arrêtez ! je ne souffrirai pas...

HORTENSE

Que voulez-vous donc que je fasse ?

PÉLOUAS

Oh ! si j'étais un Robert-Houdin, un enchanteur,
comme je le ferais disparaître.

HORTENSE

Vous n'êtes pas un enchanteur ! d'ailleurs, ce jeune
homme... il est hardi, sans doute ; mais sa hardiesse

n'exclut pas chez lui un air de distinction qui séduit au premier abord.

PÉLOUAS

Allons, vous allez voir que cet impertinent va devenir à vos yeux un preux chevalier.

HORTENSE

Non, je vous dis seulement que ce jeune homme est bien. Voilà tout.

PÉLOUAS, à part.

Il est bien !.. Elle le trouve bien !.. Ah ! si j'étais sûr de le tuer !.. sans être blessé !

HORTENSE, d'un ton plaisant.

Non, Pélouas, non... tenez, j'ai... je ne dois pas vous exposer... il vaut mieux céder... lui payer son indemnité... c'est plus prudent.

PÉLOUAS

Prudent ! Vous avez une singulière manière de comprendre la prudence...

HORTENSE

On comprend comme on peut !

PÉLOUAS, à part.

J'y suis... (*Haut.*) Maintenant, madame, que vous m'avez instruit de tout... seul je dois terminer cette affaire délicate. Soyez assez bonne pour rentrer dans votre chambre, afin de me laisser le champ libre.

HORTENSE

Puisque vous le voulez... (*A part.*) L'amour lui four-

nirait-il le courage dont à l'instant il semblait manquer ?
Il a raison, ce jeune lancier est très-impertinent... mais
son impertinence n'est pas vulgaire. (*Elle sort.*)

SCÈNE ONZIÈME

PÉLOUAS, seul.

Mon ami, le général, va être mon ange tutélaire...
une lettre pressante. (*Il cherche sur la table.*) Ni plume,
ni encre... Ah ! j'y songe, dans le boudoir d'Hortense...
je trouverai tout cela.

VICTOR, au dehors.

C'est bien. Je vous dis que je suis attendu.

PÉLOUAS

C'est le lancier... ne perdons pas une minute ! (*Il sort
au moment où Victor entre avec une boîte de pistolets.*)

SCÈNE DOUZIÈME

VICTOR, puis SUZANNE.

VICTOR, entrant.

Monsieur le banquier, mes témoins sont en bas...
Tiens ! plus personne !.. Ah ! l'on me refuse un baiser,
quand on a failli m'écraser ? Eh ! bien, morbleu ! c'est
le banquier qui paiera... C'est bien le moins qu'un mari
acquitte les dettes de sa femme...

SUZANNE, entrant, à la cantonade.

Germain, vous servirez ici... Madame soupera dans cette pièce. (*Voyant Victor.*) Tiens... il est encore ici ! Et seul !..

VICTOR

Te voilà, ma chère ?..

SUZANNE, à part.

Sa chère !.. sa chère !.. Ces militaires sont d'une familiarité !.. (*Haut.*) Je vous croyais parti, monsieur ?

VICTOR

Mais pas du tout; j'arrive, au contraire, je viens chercher ton maître pour lui brûler la cervelle.

SUZANNE, étonnée.

Mon maître ?

VICTOR

Sans doute. Est-ce que le mari de ta maîtresse n'est pas ton maître ?

SUZANNE, riant.

Le mari de ma maîtresse !.. (*A part.*) Quand je dis qu'il est fou ! (*Haut.*) Monsieur, vous m'apprenez un mariage qui s'est fait bien subitement... car, ce matin encore, madame était une veuve à marier.

VICTOR

Une veuve à marier !.. Comment ce banquier, que j'ai trouvé là ce matin, n'est pas le mari de ta maîtresse ?

SUZANNE, riant.

En aucune façon.

VICTOR

En aucune façon ?.. Tiens, prends. (*Il lui donne de l'argent.*)

SUZANNE

Ah! monsieur ! (*A part.*) Il est de meilleure compagnie que je ne le pensais.

VICTOR, à part.

Ceci change mes batteries. (*Haut.*) Tu viens mettre le couvert pour le souper, je crois... car on soupe en province...

SUZANNE

Toujours, monsieur.

VICTOR

Mets trois couverts.

SUZANNE

Vraiment ! (*A part.*) Il s'invite !

VICTOR

Tiens, prends ceci encore. (*Il lui donne une pièce d'or.*) Et mets trois couverts, te dis-je, ta maîtresse en sera ravie.

SUZANNE

Ce diable d'homme a une manière d'agir...

VICTOR

Voici ta maîtresse, laisse-nous.

SUZANNE

Mais, monsieur...

VICTOR

Ah ! sacrebleu ! laisse-nous ! (*A part.*) Veut-elle donc que je lui donne les mines de l'Australie ?

SUZANNE

Je sors... monsieur... je sors. (*A part.*) Il est aussi vif que généreux. C'est égal, mauvaise tête, mais bon cœur. (*Elle sort.*)

SCÈNE TREIZIÈME

VICTOR, HORTENSE.

HORTENSE

Comment, monsieur, vous êtes encore ici ?

VICTOR

Oui, madame.

HORTENSE, à part.

Pélouas a manqué de courage... ça ne m'étonne pas. (*Haut.*) Que faisiez-vous ?

VICTOR

Vous le voyez, madame, j'attendais !.. mais maintenant je vous vois et je reprends mon rôle d'admirateur de tant de grâce, de tant de beauté !

HORTENSE

Vous êtes très-galant, monsieur !

VICTOR

Vous trouvez, madame ! Mais, cependant, je suis certain

que ma brusque entrée vous a donné ce matin une mauvaise opinion de moi!

HORTENSE

Mais, monsieur ..

VICTOR

Vous hésitez... vous avez tort... vous pouvez l'avouer.

HORTENSE

Eh bien! je l'avoue!

VICTOR

La persistance que j'ai mise à obtenir,... une indemnité
a dû vous paraître étrange!

HORTENSE, riant.

Oh! oui!

VICTOR

La querelle, que j'ai eue avec monsieur votre mari,
m'a posé à vos yeux comme un spadassin?

HORTENSE

Il est vrai! un baiser ou un coup de pistolet? avez-vous
dit. — C'est un peu vif!

VICTOR

J'en conviens en toute humilité. — Car, madame, tous
ces défauts ont disparu comme un léger brouillard aux
premiers rayons du soleil.

HORTENSE

En vérité?.. mais voilà une conversion bien prompte
pour un aussi grand pécheur!

VICTOR

Il a suffi d'un de vos sourires dont le souvenir ne m'a pas quitté, pour me faire renoncer à mes sinistres projets.

HORTENSE

Vraiment ?

VICTOR

Oui, quand j'ai vu, ce matin, l'air triste avec lequel vous regardiez M. Pélouas, le banquier chéri, quand je lui ai proposé ce duel... cette crainte que vous paraissiez éprouver de devenir veuve... oh! tout cela m'a brisé le cœur.

HORTENSE

Et vous en avez ramassé les morceaux, croyant vous en faire un autre plus tendre ?

VICTOR

Oui! madame, j'ai subitement renoncé à mes projets homicides!.. Quoi! me suis-je écrié, je rendrais malheureuse cette jeune, gracieuse et intéressante épouse! Je remplacerais les roses qui ceignent son front par une couronne de scabieuses!.. Oh! jamais!.. jamais!.. Je me disais tout cela en revenant avec ces deux pistolets; aussi, à mon arrivée ici, je les ai posés sur cette cheminée, jurant de faire votre bonheur, c'est à dire de sauver les jours de votre respectable époux.

HORTENSE

Monsieur, ce que vous avez fait est très-bien, très-honorable, c'est d'une âme généreuse, je vous approuve.

VICTOR

Car, croyez-le bien, madame, sous l'uniforme il y a
quelquefois de la bonté, de la tendresse, de l'entraîne-
ment même... Ah! si j'avais pu rencontrer une femme
qui m'eût compris... de combien de soins, d'égards, de
délicatesse je l'aurais entourée... Mais, vous le savez, nous
autres militaires, nous n'avons que des amours dont les
ailes ne se reposent jamais...

HORTENSE, riant.

Toujours prêts à s'envoler au bruit du canon. Ce sont
des peureux!

VICTOR

Vous riez, madame, quand je vous fais la peinture
d'une vie agitée... où nous n'avons presque jamais le
souvenir d'un cœur qui nous ait réellement aimés!.. où
nous n'avons jamais savouré les extases d'un amour
brûlant.

HORTENSE, riant.

Ce pauvre amour! depuis le temps qu'on le fait brûler,
il doit être réduit en cendres!

VICTOR

Vous êtes cruelle, madame, je vois bien que mes tour-
ments vous touchent peu.

HORTENSE, à part.

Pauvre jeune homme! il paraît vraiment très-sincère
et très-bon!

VICTOR

Je suis plus malheureux que vous ne le pensez,
madame.

HORTENSE

Malheureux ! — Votre malheur ne durera pas toujours, car je crois que vous méritez de rencontrer un cœur qui sache comprendre le vôtre.

VICTOR, vivement.

N'est-ce pas, madame ? Oh ! vous avez dans la voix, dans les yeux, quelque chose de si doux, de si enivrant, que vous devez être aussi bonne que belle.

HORTENSE, émue.

Monsieur, en vérité, vous me faites une déclaration !

VICTOR

Je vous dis la vérité, madame. — Je vous dis que je n'ai jamais éprouvé ce que je ressens depuis que je vous ai vue. (*Entendant du bruit.*) Un importun !

SCÈNE QUATORZIÈME

LES MÊMES, PÉLOUAS.

PÉLOUAS, à part.

Ma lettre est partie... la réponse ne se fera pas attendre... (*Voyant Victor.*) En conversation avec Hortense ! Ah ! ça, mais...

HORTENSE, à part.

Pélouas! (*Haut.*) Vous voici déjà...

PÉLOUAS, piqué.

Déjà !

VICTOR

Monsieur Pélouas, moi qui voulais vous brûler la cervelle...

PÉLOUAS

Eh bien! monsieur, dans quelques instants je suis prêt à vous suivre. (*A part.*) Gagnons du temps.

VICTOR

Oh! mon cher banquier, les choses ont bien changé depuis ce matin.

PÉLOUAS

En vérité?

VICTOR, avec intention.

Oui, monsieur Pélouas, vous êtes marié, je respecte votre bonheur, celui de madame... j'ai beaucoup réfléchi... (*Il regarde Hortense.*)

PÉLOUAS, à part.

Il a peur, soyons brave... (*Haut.*) Vraiment, monsieur, vous avez réfléchi... c'est heureux... la réflexion est la sœur de la prudence.

VICTOR

Et vous êtes trop bon parent pour ne pas adorer cette sœur, n'est-ce pas?

PÉLOUAS

Oubliez-vous, monsieur, que je suis votre adversaire?

VICTOR

Monsieur le banquier, je ne veux plus avoir pour adversaire que madame.

HORTENSE, à Pélouas.

C'est d'autant plus beau de la part de monsieur que vous seul, je vous l'ai déjà dit, êtes cause de ce qui est arrivé... Certes, sans votre algarade de ce matin après laquelle j'ai pris votre coupé...

VICTOR

Ah ! je comprends, une querelle de ménage, un nuage au ciel... je suis vraiment heureux d'être arrivé ici, (*Déclamant.*) car aujourd'hui sera un jour de réconciliation entre deux époux, dont la vie doit s'écouler pure et calme au milieu des plus douces émotions.

PÉLOUAS, à part.

Ah ! ça, mais ce n'est plus un lancier, c'est un prédicateur !

VICTOR

Oui, monsieur... oui, madame. J'aime à voir toujours régner l'union la plus parfaite.

PÉLOUAS

Primo, je vous dirai que vous vous mêlez de ce qui ne vous regarde pas.

HORTENSE, avec reproche.

Ah ! monsieur Pélouas, ceci n'est pas de la plus exquise politesse.

VICTOR

Oh ! laissez parler monsieur. (*A part.*) Il me paiera cela ! (*Haut.*) Il a beau faire, je ne me fâcherai plus... car il a en moi, ainsi que vous, madame, l'ami le plus dévoué. Oui, au lieu de me battre avec monsieur Pélouas, j'exposerais au contraire mes jours pour vous, comme pour lui !

PÉLOUAS, à part.

Quel singulier corps que cet homme ! je m'y perds... il est d'une douceur... le lion s'est fait agneau.

SCÈNE QUINZIÈME

LES MÊMES, SUZANNE.

SUZANNE, entrant.

Madame, faut-il servir le souper ?

HORTENSE

Sans doute.
(Suzanne sort et reparaît, quelques instants après, avec un plateau.)

PÉLOUAS, à part.

Il va s'en aller, j'espère.

HORTENSE, regardant la table.

Ah ! trois couverts ?

VICTOR, un peu interdit.

Oui, madame, oui... (*Bas.*) Je veux vous réconcilier avec votre mari, madame.

HORTENSE

Je vois, monsieur, que Suzanne a prévenu mon intention... vous voulez donc bien nous faire l'honneur ?..

PÉLOUAS, bas.

Y pensez-vous, Hortense !

HORTENSE, bas, en riant.

Ingrat!.. Il vous laisse la vie et vous voulez le faire mourir de faim !

PÉLOUAS

Avec joie... (*A Victor.*) Monsieur accepte sans doute ?

VICTOR

Si cela vous est agréable, monsieur le banquier...

PÉLOUAS

Comment donc ! (*A part.*) Que les mille diables l'emportent !

HORTENSE

Eh bien, messieurs, à table !

PÉLOUAS, à part.

Comment ceci finira-t-il ? Ah ! bah !.. il ne veut plus me tuer... Qui sait, le rôle de mari plus tard peut devenir agréable...

VICTOR, à part.

Je les tiens tous les deux !

HORTENSE, à part.

Ce pauvre Pélouas ! Il est fort embarrassé, car il n'est pas brave... Tant mieux, c'est la punition de la petite scène dramatique qu'il a jouée devant moi ce matin...

SUZANNE, à part.

Le lieutenant est à son aise... comme un ennemi en pays conquis!.. Ah ! pauvre banquier ! pauvre banquier!..

VICTOR, versant à boire.

Madame, un verre de bordeaux...

HORTENSE

Volontiers.

VICTOR, à Pélouas, lui offrant.

Monsieur Pélouas ?

PÉLOUAS, à part.

Il agit comme chez lui.

VICTOR

Combien je me félicite d'avoir manqué d'être tué ?

HORTENSE

Vraiment ?

PÉLOUAS, à part.

Pourquoi n'a-t-il fait que manquer !

VICTOR

Puisque, grâce à cet accident, je pourrai contribuer à l'union d'un ménage charmant !

HORTENSE

Mais, monsieur !..

VICTOR

Oh ! n'essayez pas, madame, de dissimuler. Il y a eu querelle ici, ce matin, vous l'avez dit vous-même tout à l'heure à M. Pélouas... n'est-il pas vrai, monsieur Pélouas ?

PÉLOUAS

Je ne me rappelle pas...

HORTENSE, riant.

Avoir été insupportable ; cela vous arrive quelquefois,

cependant. (*A part*.) Il passe pour mon mari, je puis bien lui dire des choses désagréables.

VICTOR

Vous le voyez, monsieur Pélouas... il y a eu querelle. Oh! les querelles... mais c'est ainsi que le bonheur s'envole... (*Il lui offre du poulet*.) Une aile de volaille ?

PÉLOUAS

Merci.

HORTENSE, à part.

Cet homme est vraiment très-amusant! et il a bien fait de me rendre visite... il me distrait un peu.

VICTOR

Aussi, je le répète, je suis heureux d'être ici, bien heureux! (*Il regarde Hortense*.)

SUZANNE, à part.

Je le crois bien.

HORTENSE, à part, et rougissant.

Comme il m'a regardée!

VICTOR

Et je vais, ce soir, cimenter une réconciliation, quand, ce matin, je voulais porter ici le deuil... car enfin, si je vous avais tué, monsieur Pélouas, madame eût été veuve...

PÉLOUAS

Veuve ?.. (*Vivement*.) Oui, oui, madame eût été veuve. (*A part*.) Ce maudit général, mon ami... qui tarde...

9.

VICTOR, à Suzanne.

Suzanne, du champagne... pour boire à la beauté de madame et à la félicité de son mari !

(Suzanne en apporte et Victor verse à Pélouas.)

PÉLOUAS

Assez ! assez ! (*Victor verse à Hortense.*)

HORTENSE

Assez ! assez !

VICTOR

Jamais assez ! le champagne, c'est le bonheur sur la terre... Je sais, à ce sujet, une chanson que je vais avoir l'honneur de vous chanter.

SUZANNE

Il est d'une humeur charmante !

PÉLOUAS, à Suzanne.

Comment ! Il va chanter ?

SUZANNE, riant, à Pélouas.

Peut-être, après, vous fera-t-il danser le fameux quadrille des Lanciers. (*Elle sort en riant.*)

PÉLOUAS, piqué.

Les soubrettes seront toujours des soubrettes ! (*A Hortense.*) Comment, madame, vous autorisez ?

HORTENSE

Pourquoi non, mon Dieu ! laissez-le chanter. Ah ! convenez qu'il est plus gai que vous ne l'êtes ?..

PÉLOUAS, impatienté.

Madame... (*Bas à Hortense.*) Oh ! les femmes !.. les femmes ! faites des folies, vous leur plairez toujours !

HORTENSE, même jeu.

La folie est une superfétation de l'esprit ; vous êtes
heureux, Pélouas, vous avez toujours votre raison.

VICTOR, respectueusement.

Vous permettez donc, madame ?

HORTENSE, souriant.

Sans doute. (*A Pélouas.*) Vous direz ce que vous voudrez, mais il est très-gai !

PÉLOUAS

Je le crois bien. (*A part.*) C'est à mourir de dépit.

VICTOR, le verre à la main.

Voilà la source du bonheur !
Cette liqueur enchanteresse
Parfois donne au poltron du cœur,
A la pudeur... de la tendresse.
Quand la raison veut se placer
Entre vous et jeune compagne,
Soudain, pour s'en débarrasser,
Il faut lui verser du champagne.

Allons, monsieur Pélouas, en chœur !

(Pélouas reprend tout en faisant la grimace.)

VICTOR

Pour se montrer tendre, éloquent,
Près d'une adorable compagne,
Quel auxiliaire plus piquant
Que le gai flacon de champagne ?
Ce nectar dans nos mains remis,

> Faisant naître un aimable trouble,
> Accroît le nombre des amis,
> Puisqu'en le buvant on voit double !

Et, après ce dernier couplet, on s'embrasse ordinairement.

HORTENSE

Plaît-il ?

PÉLOUAS

C'est son idée fixe.

VICTOR, riant.

Sans doute. (*Gravement.*) Mais il ne m'est pas permis, madame, d'user de ce privilége... M. Pélouas seul a ce droit... (*Un peu gris.*) Embrassez votre femme, banquier, embrassez !

HORTENSE

Mais, monsieur...

PÉLOUAS, à part.

Ah ! parbleu, à mon tour, je vais me venger agréablement. (*Haut.*) Très-volontiers. (*Il se lève.*)

HORTENSE

Monsieur Pélouas... monsieur Pélouas... je vous défends...

VICTOR, à part.

Bravo ! elle se fâche... elle ne l'aime pas ! (*Haut, un peu gris.*) Comment, madame, vous refusez !.. ah ! ce n'est pas bien... un mari si tendre, si fidèle !

PÉLOUAS

Si expansif !

HORTENSE, lui montrant la table.

Monsieur Pélouas... il reste du champagne dans votre verre...

VICTOR, toujours gris.

Plus tard!.. ah! c'est juste. Je ne veux pas être indiscret plus longtemps. Il faut que vous rentriez dans votre appartement. C'est égal, je suis bien heureux de vous avoir réconciliés.

PÉLOUAS, à part.

Très-bien ! mais il ne parle pas de s'en aller... Que diable fait donc le général ? N'aurait-il pas reçu ma lettre ?

VICTOR

Madame... (*Il salue comme pour sortir.*)

PÉLOUAS

Ah !

VICTOR, revenant.

Ah ! à propos... (*Il sonne.*)

PÉLOUAS, à Hortense.

C'est qu'il fait comme chez lui, n'est-ce pas ? (*Il rit.*)

HORTENSE

Taisez-vous, Pélouas, vous m'irritez sans cesse.

PÉLOUAS

C'est à moi, à présent.

VICTOR, sonnant encore.

Mais on ne vient donc pas quand je sonne ? (*Suzanne entre.*)

SCÈNE SEIZIÈME

LES MÊMES, SUZANNE.

VICTOR

Ah ! enfin !.. Suzanne, préparez l'appartement de madame.

SUZANNE, riant, à Hortense.

Il est gris... madame... il est gris... (*A Victor.*) Mais, lancier...

VICTOR, se fâchant.

Obéissez, sacrebleu ! obéissez !..

SUZANNE

On y va !.. on y va ! (*A part.*) Ceci devient grave ! (*Elle sort.*)

VICTOR, appuyant.

Je veux le bonheur de ce ménage, et il aura lieu. Allons. (*Il passe derrière Pélouas et Hortense, et réunit leurs mains.*) Maintenant je vais vous dire bonsoir...

PÉLOUAS, à Hortense.

Et maintenant, je vous ramène dans votre appartement... Votre bras.

HORTENSE

Ah ! monsieur Pélouas, c'est trop fort ! (*A Victor.*)
Quant à vous, monsieur, vos plaisanteries commencent
à être très-déplacées.

VICTOR

Mes plaisanteries !.. Mais, madame, vous m'avez dit,
ce matin, de protéger les jours de votre mari.

PÉLOUAS, à part.

Il paraît que les nuits n'étaient pas comprises... (*Haut.*)
J'attends, Hortense.

HORTENSE, avec colère.

Eh ! monsieur, vous m'impatientez... et monsieur
aussi... qui prend chez moi un ton de maître... Sortez
tous les deux... car, pas plus que cet insensé, vous n'êtes
mon mari.

VICTOR, avec explosion.

Il n'est pas votre mari, et vous me l'avez dit ce matin !..
Ah ! madame, ceci me dégrise ! sacrebleu ! Alors, ce n'est
plus qu'un rival.

PÉLOUAS

Un rival ?

VICTOR

Oui ! un rival !.. Car apprenez, madame, que je vous
aime !

PÉLOUAS

Hein ! et il lui dit cela devant moi !..

HORTENSE, riant.

Ah ! ah ! ah ! Vous l'entendez, monsieur Pélouas ? c'est votre faute !

PÉLOUAS

Elle rit !

VICTOR

Et j'exige de nouveau, monsieur, la réparation que je demandais ce matin... un baiser.

PÉLOUAS, vivement.

Monsieur !

VICTOR

Le baiser ou le coup de pistolet... Choisissez, banquier !

PÉLOUAS

Comment ! vous voulez m'embrasser ?

VICTOR

Vous ? jamais !

SCÈNE DIX-SEPTIÈME

LES MÊMES, SUZANNE.

SUZANNE, entrant, une lettre à la main.

Voici une lettre qu'un militaire apporte pour monsieur le lancier.

PÉLOUAS, à part.

Ma vengeance !

HORTENSE

Il paraît, monsieur, que tout le monde sait que vous avez fixé votre domicile chez moi !

VICTOR, après avoir pris la lettre.

Tout le monde sait que j'ai du goût... madame ! — Vous permettez que je lise, n'est-ce pas ?

HORTENSE

Sans doute.

VICTOR

C'est de la part du général qui commande le département.

PÉLOUAS

Ah ! enfin ! (*A Hortense.*) Vous allez voir !

HORTENSE

Qu'est-ce que cela veut dire ?

VICTOR, lisant.

« Ordre au lieutenant Victor de Verteuil de se rendre « sur le champ au domicile qui lui a été assigné par « nous et d'y garder les arrêts, huit jours... » Qu'ai-je lu ?.. C'est bien... je vais obéir. (*Suzanne sort.*)

SCÈNE DIX-HUITIÈME

LES MÊMES, moins SUZANNE.

PÉLOUAS, bas à Hortense.

C'est moi qui ai écrit au général !

HORTENSE, bas.

Vous ! c'est une indignité ! pauvre garçon !

VICTOR

Diable ! ceci est différent... Il faut se soumettre. Madame, à mon grand regret, hélas ! je vais vous quitter.

PÉLOUAS, ironiquement à Victor.

Jeune enfant de Mars... croyez à mon vif chagrin.

VICTOR

Oh ! j'y crois... Ah ! ça, mais où diable suis-je logé ?,. Car, depuis ce matin, je n'ai pas eu le temps de me reconnaître, ni de lire mon billet... Ah ! dans mon schapska... (*Il va chercher son schapska et déplie le billet.*) Heureusement... il n'est pas endommagé... Voyons... je ne sais ni le nom, ni la rue... je ne suis jamais venu à Toulouse.

PÉLOUAS

Je vous renseignerai... en véritable ami... et vous y conduirai moi-même.

VICTOR

Alors, monsieur Pélouas, pouvez-vous m'indiquer la demeure de madame la vicomtesse d'Estrelles ?

PÉLOUAS, terrifié.

La vicomtesse d'Estrelles !!

HORTENSE, riant.

Mais c'est moi !

VICTOR

Oh! bonheur ! qu'ai-je entendu ? C'est ici que je suis logé, et c'est ici que je suis mis aux arrêts ! (*Il rit.*) Ah ! ah ! ah !

SCÈNE DIX-NEUVIÈME

LES MÊMES, SUZANNE, entrant aux derniers mots de Victor.

SUZANNE, riant.

Ah ! ah ! ah ! singulière prison !

PÉLOUAS, effrayé.

Ah ! mon Dieu !

VICTOR, à Pélouas.

Vous n'aurez pas à me conduire... Vous le voyez, madame, je suis votre prisonnier.

PÉLOUAS, à part.

Quelle situation est la mienne... C'est à n'y pas croire !

SUZANNE, à Pélouas.

Monsieur Pélouas, il faudra faire mettre des verroux, de peur qu'il ne veuille s'échapper.

PÉLOUAS

Petite sotte !

SUZANNE

Merci, monsieur le banquier ! (*A part.*) Il enrage ! J'en
suis ravie ! Il mérite son sort.

VICTOR

Voilà le premier bonheur de ma vie !

HORTENSE

Réellement ?

VICTOR

Oui, madame, surtout si vous voulez consentir à rester pour toujours mon geôlier ?

PÉLOUAS, vexé.

Ah ! ça, qu'est-ce qu'ils se disent donc devant moi ?

VICTOR

Vous le voyez, monsieur Pélouas, nous nous faisons
nos confidences.

PÉLOUAS, moment de courage sans suite.

Mais, monsieur, vous oubliez que j'ai des droits, que
je peux continuer un procès, et que la fortune de
madame...

VICTOR

Oh ! si ce n'est que cela, rassurez-vous, ma fortune
suffira pour nous deux, car je suis riche aussi, monsieur
le banquier ; je me charge du procès...

HORTENSE

Monsieur de Verteuil, je refuse...

VICTOR

Est-il, madame, un trésor assez précieux pour payer

votre cœur, et dites-moi où trouver une fortune digne de votre amour ?

SUZANNE, bas à Pélouas.

Ma maîtresse vous a fait une promesse qu'elle n'acquittera pas, monsieur le banquier, voici une faillite qui ruine vos espérances.

VICTOR

Un mot de votre bouche, madame, un seul, je vous en supplie à genoux !

PÉLOUAS

Mais que faites-vous, monsieur ?

VICTOR

Vous le voyez, j'adore la divinité.

HORTENSE

Monsieur de Verteuil, vous garderez ici les arrêts puisque vous y êtes condamné !.. Quant à vous, monsieur Pélouas, nous plaiderons... à moins que vous ne préfériez un arrangement à l'amiable.

VICTOR

Arrangez-vous, Pélouas, et arrangez-vous le mieux possible, croyez-moi.

PÉLOUAS

Nous verrons, monsieur, nous verrons. (*A part.*) C'est égal, je dois l'avouer... j'ai eu une heureuse idée en le faisant mettre aux arrêts.

VICTOR

Maintenant, madame, je crois que je peux vous répéter ce que je vous disais ce matin : un baiser ou un coup de pistolet.

PÉLOUAS, effrayé.

Un attentat à ma vie !

VICTOR

Non, à la mienne !

HORTENSE

Je m'oppose à la mort de mon prisonnier, dont j'ai la surveillance.

PÉLOUAS, furieux.

Madame... (*Mettant la main à la poche où est son stylet.*) si j'allais me porter...

HORTENSE, riant.

Vous vous porterez à merveille, si vous ne périssez que de votre main.

PÉLOUAS

Quand je pense que la cause de tout cela... c'est ce maudit coupé.

SUZANNE

Jaune, jaune !.. C'est la nuance qui vous a porté malheur !

HORTENSE, au public.

Messieurs, nous cherchons tous les jours
Par notre zèle à vous distraire,
Par malheur, on n'a pas toujours
L'heureuse chance de vous plaire.

L'entreprendre est notre devoir,
Encouragez cette entreprise,
Et n'allez pas mettre ce soir
Notre coupé sous la remise !

Le rideau baisse.

GEORGES ET GEORGETTE

Comédie en un acte

Par M. Émile ABRAHAM

PERSONNAGES

LE GRAND-PÈRE.
GEORGETTE.

GEORGES ET GEORGETTE [1]

Le théâtre représente un salon. — Une armoire ou un placard. — Une glace. — Un canapé. — Fauteuils.

SCÈNE PREMIÈRE

LE GRAND-PÈRE, rangeant des jouets d'enfants dans l'armoire.

Pour Georges, aux goûts belliqueux, un fusil, un képi, des épaulettes, tout l'attirail du guerrier... pour Georgette, un bonnet de Cauchoise garni de dentelles, un tablier de soie, un fichu brodé, des sabots coquets, enfin le costume d'une paysanne de Watteau... et, de plus, une belle poupée !.. Voilà, j'espère, des étrennes qui satisferont ces chers enfants... et j'en serai plus content qu'eux ! Petits êtres adorés ! vos joies sont nos joies et, quand nous cherchons à vous rendre heureux, c'est de notre part presque de l'égoïsme. (*Il referme*

(1) Écrite en vue d'un rôle pour Fanfan Benoiton, cette bluette a été représentée pour la première fois en 1869, dans le salon artistique du docteur Mandl. M. Saint-Germain jouait le Grand-père et Mlle Camille (alors Fanfan Benoiton) jouait Georgette.

Depuis, *Georges et Georgette* a fait partie du programme de quelques représentations extraordinaires et de quelques soirées particulières et se donnait dernièrement dans un château où l'on célébrait les noces d'or d'aïeux encore verts. Une charmante enfant, d'une intelligence remarquable, remplissait le rôle de Georgette ; celui du Grand-père était tenu par... le grand-père.

L'auditoire manifesta son regret de ne pouvoir se procurer cette petite comédie... Voici cette petite comédie imprimée.

l'armoire. — Accrochant un almanach au mur.) Encore
un nouveau calendrier... 1869!.. Et j'ai assisté aux
Adieux de Fontainebleau... cela commence à compter.
Pourtant je me sens encore tout gaillard... je ne parais
certes pas avoir plus de cinquante ans. Eh bien, vieillard, de la coquetterie!.. De la coquetterie? Non, de la
peur! Je cherche à me persuader que je ne verrai pas
de sitôt le bout du chemin... Voilà le mauvais côté de
ces jours de fêtes... on réfléchit, une année de plus sur
la terre... une année de moins à... Bah! je suis prêt...
mon existence a été bien remplie... si j'ai eu ma large
part de vicissitudes et de chagrins, que de douces com-
pensations m'ont été données! de bons enfants dont
l'affection ne s'est jamais démentie, d'adorables petits
enfants qui me prodiguent leurs gentilles caresses...
Allons, pas d'ingratitude! Quand mon heure sonnera,
je partirai sans faiblesse et sans crainte... et, s'il plaît au
Temps de m'oublier dans le nombre si limité des cen-
tenaires, je veux bien devenir une ganache pourvu que
je conserve au moins la faculté de me souvenir. *(On
frappe doucement à la porte du fond.)*

GEORGETTE, au dehors.

Grand-papa, est-ce que je puis entrer?

LE GRAND-PÈRE

Oui, mon petit trésor.

SCÈNE DEUXIÈME

LE GRAND-PÈRE, GEORGETTE.

GEORGETTE, entrant.

Bonjour, grand-papa.

LE GRAND-PÈRE

Bonjour, ma mignonne. (*Il la prend dans ses bras et l'embrasse.*)

GEORGETTE

Grand-papa, je te souhaite une bonne année, une bonne santé et tout ce que tu peux désirer.

LE GRAND-PÈRE

Je désire que tu sois bien sage, que tu obéisses toujours à tes parents, que tu apprennes bien tes leçons...

GEORGETTE

Oh ! je serai sage et je travaillerai... tu verras... on ne me grondera jamais.

LE GRAND-PÈRE

J'y compte, ma chère Georgette.

GEORGETTE, prenant une attitude solennelle.

« Mon cher bon papa, je profite de ce jour... de ce jour solennel... de ce jour solennel... » (*Cherchant.*) Je savais si bien ce matin !.. « de ce jour solennel... » Ah ! j'y suis ! (*Continuant.*) « pour te renouveler... » (*Après un temps.*) Je devais te réciter un compliment, mais je ne

me rappelle pas le commencement... et sans le commencement...

LE GRAND-PÈRE

Tu ne trouves pas la fin !.. Embrasse-moi encore et je
te tiens quitte de ton compliment. (*Il l'embrasse.
Georgette tourne dans la chambre et a l'air de chercher
quelque chose.*) Eh bien, que cherches-tu ?

GEORGETTE

C'est le jour de l'an, ce matin.

LE GRAND-PÈRE

Oui.

GEORGETTE

Eh bien... le jour de l'an, que fait le grand-papa ?

LE GRAND-PÈRE

Il embrasse ses petits-enfants... et je t'ai embrassée.

GEORGETTE

Oui, mais il donne des étrennes... et je suis sûre que...
là-dedans... (*Elle désigne l'armoire.*) il y a de bien jolies
choses.

LE GRAND-PÈRE

Puisque tu devines si bien, je vais m'exécuter.

GEORGETTE, sautant de joie.

Oh ! quel bonheur !

LE GRAND-PÈRE, ouvrant l'armoire.

Voici une grande fille pour la petite fille.

GEORGETTE

Oh ! la belle poupée !.. une robe à la dernière mode,

un joli chapeau... et coiffée... Dis donc, grand-père,
elle est coiffée à la chien...

LE GRAND-PÈRE

Tu pourras jouer à la madame et faire tour à tour la
maîtresse et la bonne, car voici... (*Il sort le bonnet.*)

GEORGETTE

Un bonnet de paysanne !.. Oh ! donne. (*Elle met le
bonnet et se regarde dans la glace.*) Il me va très-bien.

LE GRAND-PÈRE

Mets ces sabots.

GEORGETTE

Des sabots ! de jolis sabots ! (*Elle met les sabots.*)

LE GRAND-PÈRE, sortant de l'armoire le tablier et le fichu.

Et ceci, et cela.

GEORGETTE

Comme tu es bon, mon bon papa ! (*Elle met le fichu et
le tablier, le grand-père l'aidant, et elle se promène avec
la poupée sur les bras.*)

LE GRAND-PÈRE, à part.

Et demain, ce soir peut-être, elle ne pensera plus à ces
amusements-là, et rêvera d'autres jouets... Ah ! les
enfants !

GEORGETTE, chantant.

Dodo, l'enfant dodo, l'enfant dormira tantôt. (*Faisant
la dame.*) Nourrice, bébé est-il habillé ? (*Faisant la
nourrice.*) Oui, madame, je venons de l'emmaillotter
dans des langes propres... le petit mâtin en avait besoin.
J'allons le mettre dans son berceau. (*A la poupée.*) Dors,

mon poulot, ferme tes beaux yeux. (*Faisant la dame.*)
Il faudra le mener aux Tuileries... dans sa belle pelisse.
(*Elle contrefait des pleurs d'enfant, puis reprenant le
ton de la nourrice.*) Dodo, t'auras du bon lolo.

LE GRAND-PÈRE

Tu fais une gentille nourrice.

GEORGETTE

Oh ! c'est pour rire... mais, quand je serai une grande
demoiselle...

LE GRAND-PÈRE, souriant.

Quand tu seras... oui... oui... Dis-moi, Georgette, il
faut rester habillée ainsi jusqu'à l'arrivée de Georges...
ça amusera ton cousin.

GEORGETTE, à part.

Il ne sait pas... je n'ose lui dire...

LE GRAND-PÈRE

Mais, comme il vient tard aujourd'hui !

GEORGETTE

Pauvre bon papa, ça lui fera de la peine... un jour de
l'an !

LE GRAND-PÈRE, à part.

Je vais voir si on est allé le chercher. (*Haut.*) Amuse-
toi, mon enfant; je reviens. (*Il sort.*)

SCÈNE TROISIÈME

GEORGETTE, seule.

Mon petit mari est encore en retenue !.. jeter sa grammaire à la tête de son maître, la veille du jour de l'an, c'est bien vilain !.. Nous aurions joué ensemble... et je serai seule toute la journée; quel ennui ! C'est bon papa qui se fâchera contre mon cousin quand il saura... Oh ! quelle idée !.. Oui, comme ça, bon papa ne saura pas... je l'entends... vite... ma bonne va m'aider... (*Sortant par une porte latérale.*) Ah ! Georges, vous êtes bien coupable !

SCÈNE QUATRIÈME

LE GRAND-PÈRE, seul.

Le petit drôle !.. Tu ne sais pas, ma petite Georgette ?.. Elle n'est plus là... Le polisson ! privé de sortie aujourd'hui ! c'est de bon augure pour le courant de l'année !.. et moi qui me réjouissais, qui comptais les heures !.. il aura fait quelque acte d'insubordination... ou bien il aura criblé ses thèmes et ses versions de barbarismes et de solécismes... Enfin, lisons sa lettre. (*Ouvrant une lettre.*) Petit vaurien. (*Lisant.*) « Mon cher grand-père, « je prends la plume pour t'écrire que je suis collé... » collé ?.. Que signifie cet adjectif ? Ah ! j'y suis ! Collé, cela veut dire en retenue. Collé ! Collé !.. (*Souriant.*) Mauvais sujet, va ! (*Reprenant la lecture de la lettre.*) « pour te dire que je suis collé, et que c'est une injus-

tice... » Naturellement!.. « Vendredi, pendant la récréa-
« tion du soir, je fais mes pensums... » Toujours !.. (*Re-*
prenant.) « Pour aller plus vite, j'attache trois porte-
« plumes ensemble afin d'écrire trois lignes à la fois... »
Il est ingénieux... il n'y a pas à dire, il est ingénieux !..
(*Reprenant.*) « mais le pion, s'apercevant de la chose, me
« crie : attends, attends, petit chenapan, je vais te tirer
« les oreilles !.. et il se dirige vers moi... Tu comprends,
« bon papa, que je ne puis souffrir qu'on m'appelle che-
« napan, ni qu'on me tire les oreilles, ni qu'on me
« menace. » Il a du cœur, ce gamin-là, il a du cœur !
(*Reprenant.*) « Alors, qu'est-ce que je fais ? » Qu'est-ce que
je fais ? Je ne sais pas où il trouve ses tournures de
phrases, mais c'est délicieux, ma parole, c'est délicieux...
Ah ! comme je l'aurais embrassé ! (*Reprenant.*) « Alors,
« qu'est-ce que je fais ? N'ayant pas dans mon pupitre
« mon gros dictionnaire latin-français, français-latin, je
« lui jette seulement à la figure ma grammaire de Noël
« et Chapsal... celle avec la syntaxe. » Oh ! ravissant,
ravissant : je lui jette seulement à la figure ma grammaire de Noël et Chapsal, celle avec la syntaxe... (*Repre-*
nant.) « C'est pour cela que je suis en retenue. » En
retenue ?.. Collé, tu voulais dire, mon petit Georges !
tu es collé !.. (*Reprenant.*) « Mon cher grand-père, je
« t'embrasse et te souhaite une bonne année, une bonne
« santé et tout ce que tu peux désirer. Garde-moi mes
« étrennes pour dimanche prochain. — Ton petit-fils.
« — Georges. »

« P. S. On a mis une compresse sur l'œil du pion. »

Une compresse ! Diable !.. Il paraît que c'est grave...
M. Georges, je vous gronderai vertement... (*Changeant*
de ton.) Il ne souffre même pas qu'on le menace !..
J'aime ces caractères-là, moi ! c'est viril, on y trouve le

germe d'un homme, au moins... Mais, ne me parlez pas de ces garçons doucereux, efféminés... leur docilité n'est souvent que de la peur ou de l'hypocrisie... C'est égal, je n'en corrigerai pas moins monsieur mon petit-fils... Et, sans plus tarder, je vais aller au lycée pour le morigéner d'importance... et l'embrasser tendrement !.. (*Il répare le désordre de sa toilette, en se regardant dans une glace accrochée à droite.*) Toute la famille se réunit aujourd'hui et le dîner sera triste, grâce à l'absence du jeune insurgé. (*On ouvre doucement la porte de gauche; c'est Georgette habillée en lycéen.*)

SCÈNE CINQUIÈME

LE GRAND-PÈRE, GEORGETTE.

GEORGETTE, à part, la porte encore entre-bâillée.

C'est peut-être mal ce que je fais là ! (*Elle entre.*)

LE GRAND-PÈRE, à part, voyant Georgette dans la glace.

Que vois-je ?.. Georges !.. mais non... non.

GEORGETTE, à part.

Je tremble.

LE GRAND-PÈRE, à part.

La petite rusée... Quel est son but ?

GEORGETTE, à part.

Pourvu que grand-papa ne me reconnaisse pas !

LE GRAND-PÈRE, à part.

Je comprends ! C'est pour excuser son cousin et m'éviter un tourment... Bon petit cœur !

GEORGETTE, à part, s'affermissant.

Hum ! hum ! (*Haut.*) Bonjour, grand-père.

LE GRAND-PÈRE, jouant la surprise.

Georges ! Bonjour, mon ami. (*Il l'embrasse.*) Je commençais à m'impatienter. Je craignais que tu ne fusses en retenue.

GEORGETTE

En retenue, un jour de l'an ! oh ! non !

LE GRAND-PÈRE, à part.

Petite friponne !

GEORGETTE

Grand-père, je te souhaite une bonne année, une bonne santé et tout ce que tu peux désirer.

LE GRAND-PÈRE

Merci, mon ami... Eh bien ! est-on content de toi ?.. quelle place en mathématiques ?

GEORGETTE

Tu dis, bon papa ?

LE GRAND-PÈRE

Je te demande quelle place tu as en mathématiques ?

GEORGETTE, à part.

Je ne sais pas ce que c'est que les machémachiques... (*Haut.*) Je suis le premier.

LE GRAND-PÈRE

Le premier ? c'est très-bien ! et en histoire ?

GEORGETTE

En histoire ? le premier.

LE GRAND-PÈRE

Encore? c'est magnifique!.. Mais en latin, je crains
bien... Tu n'as pas de goût pour le latin?

GEORGETTE

En latin ?.. le premier !

LE GRAND-PÈRE

Mais tu travailles trop, mon ami, tu te rendras malade...
Voyons, récite-moi le premier chapitre du *De Viris illustribus*.

GEORGETTE, à part.

Qu'est-ce que c'est que ça?

LE GRAND-PÈRE, allumant une cigarette et s'asseyant en auditeur.

Allons, allons, j'attends.

GEORGETTE

Quoi?

LE GRAND-PÈRE

Le premier chapitre.

GEORGETTE

Quel premier chapitre?

LE GRAND-PÈRE

Du *De Viris illustribus*.

GEORGETTE

Si tu veux, nous allons remplacer ça par une fable.

LE GRAND-PÈRE

Une fable! c'est bon pour les tout petits garçons ou
pour les petites filles... pour Georgette, par exemple.

GEORGETTE

Je t'en prie, une autre fois.

LE GRAND-PÈRE

Soit... (*A part.*) Je te rattraperai, petite comédienne. (*Haut.*) Tu as été le premier en mathématiques, en latin, en histoire... je veux bien te faire une concession et je vais tout de suite te donner tes étrennes.

GEORGETTE, s'oubliant.

Voyons vite les étrennes de Georges.

LE GRAND-PÈRE, jouant l'étonnement.

Les étrennes de Georges ?

GEORGETTE, sournoisement.

Eh bien ! oui !.. les étrennes de ton cher petit Georges... ne suis-je pas ton cher petit Georges ?

LE GRAND-PÈRE, la regardant fixement.

Je te trouve changé... et puis, tu ne grandis pas... est-ce que tu ne fais pas de gymnastique ?

GEORGETTE, vivement.

Oh ! si ! je suis le premier en gymnastique.

LE GRAND-PÈRE, à part.

Elle ne se trahit pas. (*Haut.*) Décidément, tu remportes tous les succès. (*Ouvrant l'armoire.*) Tiens, voici d'abord le cadeau sérieux : les *Œuvres de Fénelon.*

GEORGETTE, d'un air peu réjoui.

Des livres...

LE GRAND-PÈRE

Un garçon aussi studieux..., et qui remporte même le

prix de gymnastique, doit se former une bibliothèque...
Maintenant, voici des jouets pour t'amuser le dimanche...
tout un équipement de soldat... veux-tu faire l'exercice?

GEORGETTE

Non, mon bon papa... pas aujourd'hui.

LE GRAND-PÈRE

Si! je veux t'apprendre... es-tu un homme? sacrebleu!

GEORGETTE, à part.

J'ai peur qu'il ne s'aperçoive... (*Haut.*) Si je suis un
homme? sacrebleu! tu vas voir... (*Elle passe le ceinturon
autour de sa taille, met le képi sur sa tête et prend le
fusil à la main.*) Maintenant, commande.

LE GRAND-PÈRE

Attends... il te manque le principal insigne. (*Il lui donne
des moustaches.*)

GEORGETTE

Des moustaches?

LE GRAND-PÈRE

Es-tu un homme? sacrrr...

GEORGETTE, avec énergie.

Si je suis un homme? sacrrr... (*Se collant les moustaches.*) Bientôt, j'en aurai pour de vrai... Oh! ça me
chatouille.

LE GRAND-PÈRE

Attention! (*Georgette se tient droite.*) Portez, armes!
(Georgette veut porter armes et laisse tomber le fusil.)

GEORGETTE

Il est trop lourd, ce fusil.

LE GRAND-PÈRE

C'est toi qui es trop faible. Décidément, tu n'es pas un homme.

GEORGETTE

Mais si, grand-père... je t'assure. Donne-moi ta cigarette !

LE GRAND-PÈRE, affectant d'être scandalisé.

Une cigarette ?..

GEORGETTE

Mais, au lycée, nous fumons toujours dans les petits coins.

LE GRAND-PÈRE, à part.

C'est Georges qui l'a mise au courant.

GEORGETTE

Donne.

LE GRAND-PÈRE

Non !

GEORGETTE

Je t'en prie !

LE GRAND-PÈRE

Une seule bouffée !..

GEORGETTE

Deux ou trois. (*Elle fume, mais elle ne peut supporter*

le tabac et rend la cigarette en toussant.) Tu vois que
je suis un homme !

LE GRAND-PÈRE

Joliment ! Va chercher Georgette... qu'elle te voie
ainsi.

GEORGETTE, embarrassée.

Georgette ?.. Georgette... elle est sortie.

LE GRAND-PÈRE

Comment le sais-tu ? tu arrives du lycée ?

GEORGETTE

Je l'ai rencontrée sur l'escalier avec sa bonne.

LE GRAND-PÈRE

Eh bien, tant mieux, car j'ai à te parler d'elle...

GEORGETTE

De ma cousine Georgette ?

LE GRAND-PÈRE

Oui, de ta cousine Georgette... Asseyons-nous. (*Ils se
mettent sur le canapé.*) C'est une conversation d'homme
à homme... es-tu un homme, mille tonnerres ?

GEORGETTE

Si je suis un homme ? mille tonnerres !

LE GRAND-PÈRE

Dis-moi : quand tu parles à Georgette, tu lui dis « ma
petite femme » ?

GEORGETTE

Oui, bon papa.

LE GRAND-PÈRE

Eh bien, cela me contrarie.

GEORGETTE

Pourquoi ?

LE GRAND-PÈRE

Pourquoi ? Parce que tu engages ton avenir... et tu ne peux pas épouser Georgette.

GEORGETTE, vivement.

Comment, Georges ne pourra pas... (*Se reprenant.*) Je ne pourrai pas être la femme... (*Se reprenant encore.*) Il ne sera pas mon mari... non, ce n'est pas cela... tu me comprends, n'est-ce pas ?

LE GRAND-PÈRE

J'aime Georgette comme j'aime tous mes petits-enfants... mais mon affection ne m'aveugle pas... ta cousine a bien des défauts...

GEORGETTE

Mais non.

LE GRAND-PÈRE

Mais si.

GEORGETTE

Mais non, je t'assure. (*A part.*) Méchant grand-père, va !

LE GRAND-PÈRE

A ton âge, on ne s'y connaît pas.

GEORGETTE

Que veux-tu, bon papa, j'en suis épris !

LE GRAND-PÈRE, à part.

Gamine, va !

GEORGETTE

Et nous nous sommes promis qu'il sera mon mari, et que je serai sa femme.

LE GRAND-PÈRE

Comment !

GEORGETTE

Non, ce n'est pas cela... tu me comprends, n'est-ce pas ?

LE GRAND-PÈRE

Tu changeras d'avis. (*Se levant.*) Mais, tu la trouves donc jolie ?

GEORGETTE, se levant aussi et se regardant dans la glace.

Mais, oui !

LE GRAND-PÈRE

Tu as bien fait de ne pas le lui dire...

GEORGETTE

Mais, je le lui ai dit... et très-souvent.

LE GRAND-PÈRE

Très-souvent ?.. Conte-moi ça. (*Affectant un air mysté-rieux.*) Nous sommes seuls, conte-moi donc ça... Qu'est-ce que tu dis à Georgette ?

GEORGETTE, à part.

Ma foi, je vais lui répéter tout ce que mon cousin me dit.

LE GRAND-PÈRE

Voyons...

GEORGETTE

Mais c'est très-difficile.

LE GRAND-PÈRE

Tiens, figure-toi que voici Georgette. (*Il assied la poupée sur une chaise.*) Parle comme Georgette te... (*Se reprenant.*) comme tu parles à Georgette.

GEORGETTE, prenant un air tendre auprès de la poupée.

Ma chère Georgette, que tu es jolie!

LE GRAND-PÈRE, à part.

Oui-da !

GEORGETTE

Tu as de très-beaux yeux !

LE GRAND-PÈRE, à part.

Voyez-vous ça.

GEORGETTE

Puisque je serai ton mari et même que tu seras ma femme, je peux bien t'embrasser !

LE GRAND-PÈRE, à part.

Le petit coquin, il ose... (*Haut.*) Et... que répond Georgette ?

GEORGETTE, passant derrière la chaise, et faisant répondre la poupée
en lui agitant les bras.

Embrasse-moi donc, mais une seule fois aujourd'hui.

LE GRAND-PÈRE, à part.

Une seule fois... aujourd'hui !.. C'est bon à savoir.

GEORGETTE, étourdie.

Grand-père... j'ai mal...

LE GRAND-PÈRE

Tu as mal ?.. Où cela ?

GEORGETTE

A la tête... au cœur.

LE GRAND-PÈRE

Le tabac !.. C'est une faute. Je n'aurais pas dû céder.
(*Georgette chancelle et se retient à un meuble.*) Oh! mon
Dieu, ma petite Georgette... (*Il la prend dans ses bras.*)
Georgette !.. elle ne m'entend pas... évanouie... (*La
couchant sur le canapé.*) Attends un instant... attends,
mon ange. (*Il prépare à la hâte un verre d'eau sucrée.*)
Tiens, bois... bois, mon trésor... doucement... par petites
gorgées. (*Georgette boit.*) Reviens à toi... ce ne sera rien...
Tu ne sais pas ?.. je veux te donner une belle robe de
faille.

GEORGETTE, se redressant et faiblement.

Une robe de faille ?.. pour Georgette !

LE GRAND-PÈRE, à part.

Quelle énergie de pensée chez un enfant !.. (*Haut.*)
Oui, pour Georgette... pour Georgette une belle robe.
(*A part.*) Je ne puis pourtant pas continuer cette

comédie... Ah ! cette fois, je la tiens... (*Haut.*) Dis donc,
si tu avais été en retenue... (*A part.*) collé !.. (*Haut.*) si
tu avais été en retenue, tu sortirais tout de même...
toutes les punitions sont levées.

GEORGETTE, se redressant vivement.

Toutes les punitions... Quel bonheur ! Georges va
venir !

LE GRAND-PÈRE

Hein ?

GEORGETTE, à part.

Maladroite !.. (*Feignant de redevenir faible.*) Voilà mon
mal qui me reprend...

LE GRAND-PÈRE, sévère.

Il vous reprend comme cela... tout à coup ?.. c'est
bien étrange !..

GEORGETTE, honteuse.

Grand-père !

LE GRAND-PÈRE

Ah ! l'on se moque de moi !

GEORGETTE, suppliante.

Grand-père, pardonne-moi ; je ne le ferai plus.

LE GRAND-PÈRE, affectant un grand mécontentement.

Ah ! ah ! ah !

GEORGETTE, prête à pleurer.

Je ne le ferai plus !

LE GRAND-PÈRE, à lui-même.

O mon Dieu ! elle va pleurer !.. (*Haut, la prenant*

dans ses bras.) Oui, ma petite Georgette, je te pardonne de tout mon cœur. (*Il l'embrasse.*)

GEORGETTE

Georges va venir !

LE GRAND-PÈRE

Nous allons le voir tout à l'heure et implorer sa grâce.

GEORGETTE

Oh ! oui !.. Je lui dirai qu'il doit apprendre la grammaire au lieu de la jeter à la figure de son maître... Quel bonheur ! nous jouerons ensemble toute la journée.

LE GRAND-PÈRE

Oui, toute la journée !.. (*A part.*) mais on vous surveillera.

Le rideau baisse.

O MON ADÉLAÏDE !

Comédie en un acte

Par M. Charles NARREY

PERSONNAGES

SAVIGNY.

HENRIETTE.

BRUNO.

A Spa, de nos jours.

O MON ADÉLAÏDE !

Un salon. — Porte au fond. — A droite, une autre porte. — A gauche, au second plan, une fenêtre. Au premier plan, une porte ; devant la porte, un paravent. — Piano. Table. Guéridon. Chevalet au milieu du théâtre ; sur ce chevalet, un tableau caché par un châle.

SCÈNE PREMIÈRE

SAVIGNY, puis BRUNO.

(Au lever du rideau, Savigny est debout devant le chevalet, il soulève le châle et considère le tableau.)

SAVIGNY, seul.

Cher petit Paul ! On dirait qu'il me sourit... Je suis content de moi ! Quoique fait de mémoire, ce portrait est excellent. (*Bruno entre par le fond.*) Quelqu'un !.. (*Il recouvre vivement la toile.*) C'est vous, Bruno ?

BRUNO

Oui, monsieur, j'ai l'honneur de saluer monsieur et d'apporter à monsieur les journaux de monsieur.

SAVIGNY

La Sylphide ! — La Mode illustrée ! Vous êtes fou, mon pauvre Bruno. Tout ceci est pour madame.

BRUNO, à part.

C'est juste !.. voilà ce que c'est que de penser sans

cesse à mon Adélaïde. (*Il pose les journaux sur la table.*)

SAVIGNY

Madame est au bain ?..

BRUNO

Depuis cinquante-neuf minutes.

SAVIGNY

Comment se trouve-t-elle ce matin ?

BRUNO

J'ignore comment elle se trouve, monsieur, mais moi je la trouve pas mal... souffrante.

SAVIGNY

Et sur quoi fondez-vous votre opinion ?

BRUNO

Monsieur n'a-t-il pas remarqué, comme moi, que l'air de la Belgique est loin d'être favorable au tempérament de madame ?

SAVIGNY

En voilà la première nouvelle.

BRUNO

Depuis que madame est à Spa, ses forces diminuent, son appétit s'en va ! Ses yeux perdent de leur éclat... ses fraîches couleurs font place à une pâleur inquiétante... Et quelquefois une petite toux sèche...

SAVIGNY

Vous perdez complétement la tête, mon garçon, je n'ai remarqué aucun de ces symptômes alarmants.

BRUNO

Monsieur peut avoir raison, mais je ne crois pas avoir tort en soutenant que l'air de Paris, le bon air de Paris, serait bien préférable à...

SAVIGNY

Vous ne prenez rien pour la consultation, docteur Bruno ?

BRUNO, sérieusement.

Non, monsieur.

SAVIGNY

Merci !.. Je vais au cabinet de lecture parcourir les journaux avant le déjeuner... Donnez-moi mon chapeau gris... (*Bruno apporte un chapeau noir.*) Bien, mon garçon, quand je voudrai un chapeau noir, je saurai comment vous le demander. (*Il va prendre lui-même le chapeau gris et se dispose à sortir.*)

BRUNO, à Savigny qui revient sur ses pas.

Je sais ce que monsieur va me dire : « Bruno, ne tou- « chez pas au petit châle qui cache mon tableau. » Monsieur ne me connaît pas, je ne suis pas de ces gens qui touchent à tout. Ah ! non ! (*A part.*) J'aime mieux ne toucher à rien, c'est moins fatigant.

SAVIGNY

Brossez ce chapeau.

BRUNO, donnant des coups de brosse à tort et à travers.

Tous les matins, dès l'aube, monsieur travaille ici, et chaque fois qu'il sort, il répète : que personne ne... (*Il laisse tomber le chapeau.*) Madame se garderait bien de toucher à ce tableau depuis l'aventure qui lui est arrivée à l'époque où monsieur en faisait un grand... grand... qu'il appelait le Passage des *Terres mobiles* !.. ou quelque chose d'approchant !.. Il le voilait comme celui-ci. (*Il laisse tomber le chapeau.*) Madame, en vraie fille d'Ève, n'y put tenir... malgré la défense, peut-être bien à cause de la défense... elle souleva le voile et vit des Pompiers qui n'avaient encore mis que leur casque. (*Il laisse tomber le chapeau.*) Qui est-ce qui fut en colère ?.. ce fut monsieur... Qui est-ce qui fut confuse ?.. ce fut madame.

SAVIGNY ramasse le chapeau et prend la brosse des mains de Bruno.

Donnez, nous n'en finirions pas.

BRUNO

Monsieur, est-ce que ce sont encore des Pompiers et ont-ils... (*Savigny sort sans répondre.*) Il ne m'entend pas.

SCÈNE DEUXIÈME

BRUNO, seul.

Enfin, me voilà seul ! (*Il s'assied dans un fauteuil.*) Je puis penser à mon Adélaïde ! (*Au public.*) Vous ne connaissez pas mon Adélaïde ?.. Non... Figurez-vous un ange, l'ange de l'antichambre. Jetons un regard mélancolique sur sa photographie. (*Il sort deux photographies de sa poche.*) La voilà en costume de comète ; rayon lumineux, robe à queue étoilée, telle qu'elle était la nuit où je la conduisis au bal de l'Opéra. Me voici aussi, moi, en Circassien. Je servais alors chez monsieur Maurice, le cousin de madame, et je lui empruntai avec... effraction ce joli costume qu'il tenait de la munificence de Schamyl... J'étais à croquer avec ma grande barbe postiche. Aussi, dans son enthousiasme, mon Adélaïde me croqua-t-elle ! Je veux dire qu'elle jura de m'épouser aussitôt que ses papiers seraient arrivés de son pays... Mais, voyez la chance !.. madame tombe malade... avant le retour du courrier ; un imbécile de médecin l'envoie à Spa. Elle m'emmène et me voilà à... pas mal de kilomètres de mes amours. (*Il prend une énorme tartine de confitures dans la poche de son tablier.*) Cette séparation me tue !.. Depuis huit jours, je fais tout ce que je peux pour me faire renvoyer. (*La bouche pleine.*) J'accumule âneries sur bêtises et bêtises sur âneries.... Mais on dirait que monsieur et madame sont myopes des yeux et de l'intelligence. Aujourd'hui, je veux les pousser à bout. Voyons, quelle nouvelle turpitude vais-je inventer ?.. que puis-je casser d'une manière aussi maladroite que fine ?.. (*On sonne.*) C'est madame qui est rentrée... (*On sonne de nouveau. Il ne bouge pas.*) Elle s'impatiente. (*On sonne plus fort.*) Madame est venue à Spa pour calmer ses nerfs. (*On sonne de plus fort en plus fort.*) Ces eaux ne lui font aucun effet salutaire. Je le comprends à la façon de sonner de madame.

SCÈNE TROISIÈME

BRUNO, assis dans le fauteuil, HENRIETTE.

HENRIETTE, entrant.

Bruno ! Bruno ! êtes-vous devenu sourd ?

BRUNO

Pas encore, madame.

HENRIETTE

Que faisiez-vous là ?.. vous dormiez ?

BRUNO, se levant.

Oh ! madame... je cherchais le moyen de..

HENRIETTE

Vous dites ?

BRUNO, se reprenant.

Je dis, madame, que je rangeais en rangeant.

HENRIETTE, riant du désordre.

On s'en aperçoit !..

BRUNO

Je rangeais autant qu'on peut ranger dans une pièce où il est défendu de rien déranger. (*A part.*) Elle est nerveuse, c'est le moment d'agir.

HENRIETTE

Aidez-moi à déblayer cette table...

BRUNO

J'obéis, madame... mais je proteste. (*Il prend plusieurs livres, les met dans son tablier ; il en tombe quelques-uns ; pendant qu'il les remet, il en tombe d'autres.*) Autrefois, avant d'être chez monsieur Savigny, j'ai été en service chez un autre peintre qui recevait journellement une jolie demoiselle, elle avait le droit de tout faire, excepté de toucher aux objets d'art de monsieur.

HENRIETTE

Cette demoiselle n'était qu'une demoiselle, et, moi, je suis la femme de monsieur Savigny.

BRUNO, ricanant.

Ça n'est pas une raison ça... tant s'en faut qu'au contraire.

HENRIETTE

Mes journaux de modes sont-ils arrivés ?..

BRUNO, tirant des journaux de la poche de son tablier.

Les voici, madame.

HENRIETTE

La Gazette des Beaux-Arts ! le Journal des Archéologues !

BRUNO

Que madame m'excuse, j'ai véritablement la tête à l'envers !.. Voici les feuilles de madame. (*Il lui donne les journaux qui sont sur la table.*) Madame... pourrais-je dire deux mots à madame ?

HENRIETTE

Dites !..

BRUNO

Comment madame trouve-t-elle que j'arrange les chaussures de madame, depuis que nous sommes en voyage ?

HENRIETTE

Assez mal... Prenez ce buvard...

BRUNO

Et comment madame trouve-t-elle que je soigne les habits de monsieur ?

HENRIETTE

Tout à fait mal. C'est une justice à vous rendre.

BRUNO

N'est-ce pas ?.. J'assassine la prunelle, et, quant aux boutons d'habits, c'est une bénédiction !.. je les fauche... je brosse indignement, indignement, c'est le mot.

HENRIETTE

Que signifie cette confession ?.. Passez-moi cette statuette.

BRUNO, donnant la statuette.

Et à table, madame, comme je sers, ça fait pitié ! Madame doit se rappeler cette pile d'assiettes en vieux sèvres que j'ai cassée comme de la simple terre de pipe !.. et le macaroni dont j'ai failli coiffer monsieur, et cette poule au riz que j'ai versée dans le fromage à la crème : ce qui fait qu'on n'a mangé ni poule, ni riz, ni crème. (*Riant bêtement.*) Si j'étais mes maîtres, je me flanquerais à la porte par la fenêtre !

HENRIETTE

Où voulez-vous en venir avec le menu de vos maladresses ?

BRUNO

A ceci : que j'ai l'esprit ailleurs qu'à mon service... Demande : Pourquoi suis-je entré chez madame ?.. Réponse : Pour me rapprocher de mon Adélaïde.

HENRIETTE, souriant.

Et pour casser des assiettes.

BRUNO, distrait.

Et pour casser des assiettes... c'est-à-dire... non... pour voir mon Adélaïde à toute heure du jour et de... car sa nouvelle maîtresse habite en face de l'hôtel de madame... Eh bien ! qu'est-ce qui est arrivé ?.. A peine installé chez madame, madame m'a emmené en Belgique à trois cent quatre-vingt-dix-neuf kilomètres et demi de Paris... J'ai mesuré... c'est pourquoi je voulais demander à madame si madame doit rester longtemps encore à Spa.

HENRIETTE

Jusqu'à la fin de ma cure.

BRUNO

Et la cure est de...

HENRIETTE

De vingt-deux bains.

BRUNO

Et madame en a pris ?

HENRIETTE

Sept.

BRUNO

Que sept. (A part.) Otez sept de vingt-deux, reste quinze, c'est-à-dire que je suis encore condamné à quinze jours de Spa... Jamais je n'aurai le courage de faire mon temps... Quinze jours sans voir mon Adélaïde. C'est impossible ! mon cœur aurait des cheveux blancs ; c'est de plus en plus le moment de me faire mettre à la porte.

HENRIETTE

Prenez bien garde à ce verre de cristal, il est charmant.

BRUNO, prenant le verre des mains d'Henriette.

Et je suis sûr que madame ne l'a pas payé plus cher en Bohême qu'elle ne l'achèterait à Paris. Madame aura, par-dessus le marché, le plaisir de le rapporter et de payer l'entrée. (*Il lâche le verre qui se brise.*) Patatras !

HENRIETTE, avec douceur.

Mon pauvre verre !

BRUNO, avec violence.

Est-ce ma faute à moi, s'il s'est obstiné à me glisser des mains ? madame va me dire que je suis un idiot, un sans-soins, comme si on n'était pas assez à plaindre d'être maladroit !.. Il faut encore supporter les rebuffades !.. C'en est trop !.. J'aime mieux m'en aller tout de suite que d'être traité comme le dernier des derniers.

HENRIETTE, étonnée, avec douceur.

Si c'est votre compte que vous demandez !.. Donnez-moi votre livre de dépenses.

BRUNO, lui donnant son livre.

Le voici !.. (*A part, avec joie.*) Enfin, je suis dehors !

HENRIETTE, lui rendant le livre.

Tenez, j'ai pitié de vous, je ne veux pas faire manquer votre mariage. Restez, car si votre Adélaïde est une brave fille, elle ne voudrait pas épouser un valet chassé !..

BRUNO, à part.

C'est vrai, pourtant ! je n'avais pas songé à ça ; changeons nos batteries. (*Haut.*) Que madame me pardonne un moment de vivacité! Elle peut être sûre qu'à l'avenir...

HENRIETTE, riant.

Vous casserez davantage, n'est-ce pas ?..

BRUNO

Ce n'est pas tout à fait ce que je voulais dire...

HENRIETTE, riant plus fort.

Je l'espère bien!.. (*Elle parcourt ses journaux.*)

BRUNO, à part.

Un moyen à la fois adroit et ingénieux serait d'obliger madame à retourner immédiatement en France !.. c'est difficile !.. plus difficile que de casser de la vaisselle !.. (*Il réfléchit.*)

HENRIETTE

Bruno !.. (*A part.*) Quel singulier domestique !

BRUNO, à part.

Si je savais où est le cousin Maurice... je le préviendrais que nous sommes ici, il accourrait et... monsieur est jaloux de lui pour le moins autant que madame est jalouse d'une petite actrice du Palais-Royal... La jalousie... quel moyen pour attirer l'orage à domicile.

HENRIETTE

Bruno! (*A part.*) Il est dans les nuages.

BRUNO, même jeu.

Monsieur se fâcherait et nous retournerions à Paris à toute vapeur... Oui, mais c'est le moyen qui manque. Quelle idée! La photographie d'Adélaïde... vite dans la poche du pardessus de monsieur. (*Il met la photogra-*

phie dans la poche du pardessus.) Voilà pour la jalousie de madame... Si ça n'amène rien... la mienne éveillera la jalousie de monsieur.

HENRIETTE

Bruno! que faites-vous donc?

BRUNO

Je brosse le pardessus de monsieur. (*Il prend le pardessus par les basques. Divers papiers et la photographie tombent des poches.*) Allons, bon !

HENRIETTE

Encore une maladresse...

BRUNO.

Je suis incorrigible!.. Monsieur serait content, s'il rentrait...

HENRIETTE, ramassant la photographie.

Quel est ce portrait-carte que je ne lui connaissais pas ?

BRUNO

Monsieur l'aura acheté ici, chez un photographe.

HENRIETTE

Savez-vous seulement ce que c'est qu'un photographe, mon pauvre Bruno?

BRUNO, avec fierté.

Madame me fait injure. Nous avons les peintres de genre, les peintres d'histoire et les peintres en miniature, qui travaillent sur une plus petite échelle, et les photographes qui sont presque tous des peintres sans ouvrage.

HENRIETTE, regardant la photographie.

J'ai beau chercher...

BRUNO, regardant par-dessus l'épaule d'Henriette, au public, à part.

Attention, j'ouvre le feu! (*Haut.*) C'est sans doute quelque célébrité du jour, en costume de bal masqué... ou peut-être bien une actrice illustre des Folies-Marigny (*Avec intention.*) ou du Palais-Royal.

HENRIETTE, vivement.

Du Palais-Royal!

BRUNO, au public.

Hein!

HENRIETTE

Bruno, avez-vous été au théâtre du Palais-Royal?

BRUNO

Cent fois, madame.

HENRIETTE

Connaissez-vous une actrice qui s'appelle... Lise Bleuet?

BRUNO

Oui, mais pas autant que les messieurs, qui...

HENRIETTE, vivement.

C'est bien..

BRUNO

Madame a raison... Il y a quelque chose. Mais celle-ci est un peu moins ou un peu plus...

HENRIETTE, avec agitation.

Ah! monsieur Savigny, vous pensez encore à cette personne !

BRUNO, à part, au public.

Hein, la jalousie? (*Haut.*) Voilà monsieur qui rentre et son pardessus qui n'est pas brossé. Je me sauve. (*A part.*) Les nuages se forment, l'orage n'est pas loin. (*Il sort.*)

SCÈNE QUATRIÈME

HENRIETTE, SAVIGNY.

HENRIETTE

Je veux qu'il parle... il parlera...

SAVIGNY, au fond.

Eh bien! Henriette, tu ne viens pas m'embrasser ?

HENRIETTE, froidement.

Pardon, mon ami.

SAVIGNY

Comment vas-tu, ce matin ?

HENRIETTE

Très-mal... c'est-à-dire... très-bien...

SAVIGNY

Tu es distraite ?

HENRIETTE

Non!.. (*Savigny sonne.*)

SCÈNE CINQUIÈME

LES MÊMES, BRUNO.

SAVIGNY, à Bruno, qui paraît aussitôt.

On n'a rien apporté pour moi?

BRUNO

Rien, monsieur, absolument rien.

SAVIGNY

C'est extraordinaire!.. j'attendais une lettre.

HENRIETTE, vivement.

De ta mère, pour avoir des nouvelles de ton fils, sans doute?..

SAVIGNY

Le courrier de Paris est arrivé depuis longtemps... Non!.. de Gaston qui est à Vichy.

BRUNO, à part.

Monsieur Gaston est à Vichy, c'est bon à savoir.

HENRIETTE, à part.

Gaston!.. Vichy!.. quel rapprochement. (*Haut.*) Vichy est un pays charmant, n'est-ce pas?

SAVIGNY

Charmant!

HENRIETTE

Tu y allais tous les ans, avant notre mariage?

SAVIGNY

J'étais souffrant!.. aujourd'hui, j'ai une santé de fer :
le mariage m'a réussi.

BRUNO, à part.

Le mariage réussit à tout le monde

HENRIETTE, nerveuse.

N'est-ce pas à Vichy que la troupe du Palais-Royal a
donné des représentations, il y a deux ans?

SAVIGNY

Oui.

HENRIETTE

Tu allais au théâtre?..

SAVIGNY

Oui.

HENRIETTE

Tous les soirs ?

SAVIGNY

Oui.

HENRIETTE, encore plus nerveuse.

Tu as dû voir, alors, une actrice nommée Lise Bleuet,
plus remarquable par son nom et par les grâces de sa
personne que par son talent.

SAVIGNY

Oui.

HENRIETTE

As-tu entendu parler d'un duel qui eut lieu à propos

de cette... dame... entre un jeune littérateur déjà célèbre
et un peintre qui le sera un jour ?..

SAVIGNY

Oui.

HENRIETTE

Le peintre fut blessé, mais en matière de duel on m'a
toujours dit que l'on joue à qui perd gagne... il gagna la
belle...

SAVIGNY

Oui.

HENRIETTE

Cette actrice. On a inventé un mot, je crois, pour dési-
gner les dames qui n'ont pas de talent, et qui se servent
du théâtre pour exhiber leur personne ?

SAVIGNY

Oui.

HENRIETTE

Ne les appelle-t-on pas des utilités ?

SAVIGNY

Oui.

BRUNO, à part.

C'est parce qu'elles ne servent à rien.

HENRIETTE

Cette utilité fait généralement ses exhibitions dans les
pièces de circonstance, les revues, les féeries... Elle
représente en costume, qui commence tard et finit tout
de suite, tantôt le *Petit Journal*, tantôt un nouvel

aquarium, souvent une étoile, et quelquefois une... comète ?

SAVIGNY

Oui.

HENRIETTE, lui montrant la photographie.

Ne trouves-tu pas que ce portrait-carte lui ressemble ?

SAVIGNY

Non !

HENRIETTE, s'animant peu à peu.

Pourquoi donc, depuis deux ans que nous sommes mariés, ne m'as-tu pas conduite une seule fois au Palais-Royal ? Les jeunes filles n'y vont pas, mais y a-t-il une raison pour priver les jeunes femmes du plaisir de voir les excellents comiques de ce théâtre ?

SAVIGNY

Non !

HENRIETTE, irritée.

Pourquoi ne m'as-tu jamais parlé de tes aventures couleur de murailles ? Pourquoi ne m'as-tu pas dit que tu t'es battu avec un de tes amis, à qui tu avais enlevé une conquête, ce qui est une vilaine action ? Est-ce que tu t'imagines par hasard que je suis assez ridicule, pour être jalouse du passé ?

SAVIGNY

Non !

HENRIETTE, faisant explosion.

Eh bien ! vous avez tort, monsieur !.. Je suis jalouse, très-jalouse de ce passé-là... parce que si vous m'avez caché le roman, c'est qu'il n'est pas encore arrivé au dernier chapitre ; c'est que vous n'avez pas encore renoncé à cette... demoiselle... dont vous gardez le portrait dans votre poche... côté du cœur !

SAVIGNY

Je ne le garde pas, par la seule raison que je ne l'ai jamais eu...

HENRIETTE

Comme c'est vraisemblable !

SAVIGNY

C'est peut-être invraisemblable... mais c'est vrai...

HENRIETTE

Alors, comment ai-je pu ramasser cette photographie là sur le tapis... juste à l'endroit où on brossait votre pardessus ?.. Bruno en a été témoin.

SAVIGNY

De grâce, ne mêlons pas nos gens à nos fêtes de famille ! (*Apercevant Bruno qui, pendant la scène, n'a cessé de sourire.*) Qu'est-ce que vous faites là, vous ?

BRUNO

J'attends que monsieur me dise de sortir.

SAVIGNY

Sortez !

BRUNO

Je sors !.. (*Il sort.*)

SCÈNE SIXIÈME

SAVIGNY, HENRIETTE.

SAVIGNY, à Henriette, qui est allée s'asseoir au fond.

Écoute-moi, Henriette... Je ne sais comment cette carte est entrée ici... mais je te jure que...

HENRIETTE, l'interrompant.

Que ce n'est pas le portrait de Mlle Lise Bleuet ?

SAVIGNY

Oui.

HENRIETTE

Si ce n'est pas Mlle Lise Bleuet, qui est-ce donc ?

SAVIGNY

Je n'en sais rien.

HENRIETTE

Décidément vous mentez mal.

SAVIGNY

J'apprendrai.

HENRIETTE

J'affirme, moi, que c'est votre ancienne passion dans un bout de rôle de son joli répertoire.

SAVIGNY

Tu te trompes.

HENRIETTE

Prouvez-le moi en me donnant ce portrait pour mon album.

SAVIGNY

Volontiers... (*Il le lui donne.*)

HENRIETTE

Je comprends... Monsieur en a plusieurs exemplaires.

SAVIGNY, impatienté.

A la fin !

HENRIETTE

De la colère !.. j'ai frappé juste... Je me retire dans ma chambre. (*A Savigny qui ne bouge pas.*) Ne me suivez pas, monsieur, je vous le défends... Ah ! je me vengerai... (*Elle sort.*)

SAVIGNY

Des menaces ! vrai.. c'est trop fort !

SCÈNE SEPTIÈME

SAVIGNY, BRUNO.

BRUNO, entrant, un plumeau à la main, et faisant semblant d'épousseter les meubles. A part.

Ça marche... ça marche !.. De ce train-là, nous prendrons ce soir la route de Paris... O mon Adélaïde ! tu ne te doutes pas de ton bonheur !

SAVIGNY, très-agité, marchant à grands pas. Bruno le suit.

La vie devient intolérable ! me faire une pareille

scène !.. à moi, le modèle des maris !.. à moi qui, depuis mon mariage, pourrait concourir pour le prix Monthyon...

BRUNO, à part. Le suivant pas à pas.

Bon!.. Je dirai cela à madame... plus tard.

SAVIGNY, marchant toujours.

Mais, puisqu'il en est ainsi, je réparerai le temps perdu !

BRUNO, à part, en le suivant.

Voilà ce que je ne dirai pas à madame.

SAVIGNY, même jeu.

Henriette est bonne, je le sais, mais ombrageuse et jalouse à l'excès.

BRUNO, même jeu. A part.

Il n'est pas jaloux, lui, peut-être ! Un vrai Othello, moins la nuance.

SAVIGNY

Si je ne la corrige pas, notre intérieur deviendra un enfer ! Si, pour la punir, j'allais passer quelques jours à Vichy, près de Gaston ?

BRUNO, à part.

Bon voyage ! Voilà qui avancerait encore notre départ.

SAVIGNY, s'arrêtant.

Non ! la mauvaise humeur n'est pas bonne conseillère. Henriette est jeune et sans expérience. Je ne veux voir dans sa jalousie qu'une preuve d'amour. Un franc raccommodement, voilà encore ce qu'il y a de mieux.

BRUNO, qui s'est arrêté derrière lui, à part.

Ah ! mais non !.. Ah ! mais non ! . Je m'y oppose !

SAVIGNY, se remettant à marcher.

Faisons le premier pas, elle m'en saura gré ! (*Il frappe à la porte de la chambre d'Henriette.*)

HENRIETTE

Je n'y suis pas... Je viens de sortir.

SAVIGNY, souriant.

Elle est toujours furieuse ! Bruno ! Bruno ! (*Il se retourne et se trouve nez à nez avec Bruno.*)

BRUNO

Voilà, monsieur, voilà !

SAVIGNY

Qu'est-ce que vous faites ici sur mes talons ?

BRUNO

J'attends les ordres de monsieur.

SAVIGNY

Eh bien ! donnez-moi de quoi écrire ? (*A part.*) J'ai été un peu trop vif ! Deux mots à Henriette et tout sera oublié.

BRUNO, à part.

C'est ce que nous allons voir. Mon portrait en Circassien va lui mettre la puce à l'oreille !.. Je veux aller à Paris, moi, et j'irai à Paris. (*Il glisse sa photographie dans le buvard d'Henriette.*) Monsieur est servi. Voici le buvard de... madame... encre, plumes, papier à vignettes et ce qu'il faut pour écrire, comme on dit dans les comédies ! (*A part.*) Tout s'y trouve, même un portrait qu'on n'y cherche pas.

SAVIGNY

C'est bien ! (*Il ouvre le buvard et aperçoit le portrait de Bruno.*) Qu'est-ce que cela ?

BRUNO, à part.

Deuxième chapitre du roman.

SAVIGNY

Une figure étrangère dans les papiers de ma femme !

BRUNO

Une figure étrangère ! Peut-être pas tant que monsieur le croit. (*Au public.*) Attention, je continue l'attaque. (*Haut.*) C'est un joli monsieur déguisé en Circassien de la Circassie. Est-ce que madame n'a pas un cousin qui a été quelque part par là... c'est peut-être lui !

SAVIGNY

Vous êtes fou !..

BRUNO, riant, à part.

Pas tant, pas tant !..

SAVIGNY, à part.

Ce valet doit avoir raison. Je n'ai aperçu qu'une fois de loin ce Maurice avec sa barbe rouge carotte. Mais je sens là aux battements de mon cœur que c'est lui. (*Haut.*) Décidément, il est fort laid !

BRUNO, à part, avec dépit.

La jalousie l'égare !

SAVIGNY

Henriette l'aimait avant de me connaître... Ils furent fiancés dès leur enfance... Il reste toujours quelque chose de ces amours-là !.. C'est enfantin ! c'est niais, mais c'est tenace en diable !

BRUNO, à part.

Voilà qui est bien vrai !.. J'aimais mon Adélaïde au maillot et rien ne pourrait extirper son image de mon cœur !.. c'est comme une dent cassée à la racine.

SAVIGNY, à part.

Mais pourquoi cette scène de jalousie ? Serait-ce une ruse ?.. Compterait-elle sur un coup de tête ? Voudrait-elle m'éloigner ? Qui sait !.. Ce cousin est peut-être ici ?.. guettant le moment favorable pour...

BRUNO, à part, agitant les mains.

Voilà les papillons noirs qui se mettent à voltiger, frou !.. frou !.. frou !..

SAVIGNY, haut, avec agitation.

Bruno, prévenez madame que je veux lui parler à l'instant... à l'instant même, entendez-vous ?..

BRUNO

Monsieur, voici madame.

SAVIGNY

Fort bien ! Sortez !.. (*A part.*) A nous deux !

BRUNO, à part.

A nous trois, s'il vous plaît, monsieur. (*Il indique le paravent et sort.*)

SCÈNE NEUVIÈME

HENRIETTE, SAVIGNY, BRUNO.

(Ce dernier rentre par une porte latérale et se cache derrière le paravent.)

HENRIETTE

J'ai réfléchi, monsieur, veuillez me pardonner un moment d'emportement dont je n'ai pas été maîtresse ! J'en comprends à cette heure tout le ridicule ! Comme ma dignité me défend de mettre le portrait d'une... Lise Bleuet dans mon album, entre votre mère et votre sœur, je vous le rapporte !..

BRUNO, passant la tête.

Me voici à mon observatoire.

SAVIGNY, avec aigreur.

C'est un bon mouvement, madame, qui nous procurera le plaisir de faire un échange.

HENRIETTE

Je ne vous comprends pas, monsieur...

BRUNO, à part.

Moi, je comprends !

SAVIGNY

Donnant, donnant ! à moi ce portrait, à vous celui-ci. (*Il lui donne la photographie de Bruno.*)

HENRIETTE

Un portrait... quel portrait, s'il vous plaît ?

SAVIGNY

Vous devez le savoir mieux que moi, puisqu'il se trouvait dans votre buvard !

HENRIETTE

Fort bien, monsieur, vous poussez vos perquisitions jusque dans mes papiers ?

BRUNO, à part.

Pas mal !..

SAVIGNY

Par hasard, je vous le jure !

BRUNO, à part.

C'est moi ! le hasard !..

HENRIETTE

Je veux bien vous croire, monsieur, car l'invention serait bien pauvre.

SAVIGNY

Une invention... vous niez que ce portrait vous appartienne ?.. Je m'y attendais... Cependant vous ne pouvez avoir oublié comment votre cousin Maurice était déguisé au dernier bal de l'ambassade Ottomane ?

BRUNO, à part.

Voilà la crise !

SAVIGNY

Ce Circassien, c'est lui !

BRUNO, même jeu.

Ah bah !

SAVIGNY

Il est très-flatté; mais, en le regardant avec attention, on le reconnaît parfaitement.

HENRIETTE, regardant et souriant.

C'est mon cousin ?

SAVIGNY, avec explosion.

Vous en convenez enfin !..

HENRIETTE

Moi, pas du tout !.. Je dis : c'est mon cousin ?.. point d'interrogation... comme je dirais : vous croyez que c'est mon cousin ?

SAVIGNY

Pas de subterfuges... Vous avez avoué.

HENRIETTE

Si vous le voulez absolument !.. Eh bien ! oui !..

BRUNO, à part.

Voilà qui est fort par exemple !.. Elle le reconnaît aussi.

SAVIGNY

J'étouffe !.. (Il se jette sur un fauteuil.) Je comprends à présent... vos menaces !..

BRUNO, à part.

Que je suis bête... C'est une ruse...

HENRIETTE, à part.

Je ne sais d'où vient ce portrait, mais, puisqu'il rend mon mari jaloux, profitons de la méprise !

SAVIGNY, se levant vivement.

Madame, si vous aviez regret de m'avoir choisi, il fallait être franche et me dire loyalement : « Mon ami, j'en aime un autre... », au lieu de laisser traîner sans pudeur, dans votre buvard, le portrait de ce... cousin.

HENRIETTE, avec ironie.

Voilà ce que c'est que le mauvais exemple, monsieur, il devient contagieux.

SAVIGNY, furieux.

Je lis dans votre jeu, madame !

HENRIETTE

Je devine le vôtre, monsieur !

BRUNO, à part.

Ça va chauffer, gare le déraillement.

SAVIGNY

Puisque monsieur Maurice a tout votre amour...

HENRIETTE

Puisque mademoiselle Lise Bleuet me remplace dans votre cœur...

SAVIGNY

Finissons-en !

HENRIETTE

Finissons-en !

BRUNO, à part.

A la bonne heure !

HENRIETTE

Dans notre situation, il n'y a plus qu'un mot qui ait un sens !

SAVIGNY

Prononcez-le donc, si vous l'osez !

HENRIETTE

Et pourquoi ne l'oserais-je pas ?

BRUNO, à part.

Au fait, pourquoi ne l'oserait-elle pas ?

HENRIETTE

Ce mot n'est-il pas synonyme de délivrance ?

SAVIGNY

Eh bien ! prononcez-le, j'attends.

BRUNO, à part.

Nous attendons...

HENRIETTE

Avec impatience !

SAVIGNY

Avec résignation !

BRUNO, à part.

Avec anxiété !

HENRIETTE

Eh bien !.. (*Après avoir hésité.*) séparons-nous !

BRUNO, à part.

Ça y est !..

SAVIGNY

J'oubliais que les femmes ont tous les courages, excepté
celui qu'on doit avoir.

HENRIETTE

Dans une heure, je pars pour Paris !..

BRUNO, à part.

Je vais faire ma malle ! dans un mouchoir de Madras.
Il disparaît.)

SCÈNE DIXIÈME

SAVIGNY, HENRIETTE.

HENRIETTE

Demain, je serai réinstallée chez ma mère dans ma
chambre de jeune fille !..

SAVIGNY

C'est là, madame, que vous recevrez la visite de mon
avoué ; soyez tranquille, je ne vous ferai pas languir.

HENRIETTE

Je comprends, vous avez hâte de renouer avec mademoiselle Lise Bleuet, si toutefois vous avez rompu, ce
dont je doute, cette honorable liaison !..

SAVIGNY

Je ne pensais qu'à vous être agréable... en hâtant cette
séparation, car plus tôt vous serez libre, plus tôt vous
pourrez recevoir monsieur Maurice, si toutefois, ce dont
je doute, vous avez cessé ces douces relations !

13.

HENRIETTE

On n'est pas plus aimable !.. Je vous prie de m'excuser... je vais faire mes malles !.. vous pourrez les
visiter si je pars avant vous.

SAVIGNY

Je prends le train de deux heures... Gaston m'attend
à Vichy.

HENRIETTE

C'est juste, la troupe du Palais-Royal y donne des
représentations en ce moment.

SAVIGNY

Je vous remercie du renseignement...

HENRIETTE

Vous l'ignoriez ?

SAVIGNY

Absolument.

HENRIETTE

Je ferai si vous le voulez deux lots de ce qui nous
appartient !.. Voici d'abord vos couleurs, votre chevalet !

SAVIGNY

Ne touchez pas à mon tableau.

HENRIETTE

Soyez tranquille ! Voici vos albums.

SAVIGNY

Où sont mes faux cols... mes...

HENRIETTE, vivement.

Pardon, monsieur, vous allez dire des mots que l'on ne prononce pas devant les jeunes filles... Voici votre linge... vos habits, votre robe de chambre. (*Elle jette tout en tas à terre.*)

SAVIGNY

Serait-ce trop exiger que de demander un peu plus de ménagements pour mes effets ?

HENRIETTE

Non; il ne nous reste plus qu'à partager les petits meubles d'étagère... que nous avons recueillis en voyage ! A qui cette statuette ?

SAVIGNY

A vous, vous l'avez achetée à Bruxelles trois louis...

HENRIETTE

C'est vrai, mais je n'avais que trente francs sur moi... vous avez complété la somme !.. Elle est donc à nous... Comment faire ?

SAVIGNY

Gardez-la !..

HENRIETTE

Je veux ce qui est à moi, mais rien que ce qui est à moi.

SAVIGNY

Il y a un moyen violent, mais décisif... (*Il prend un couteau et coupe la statuette en deux*.) Tranchons la difficulté.

HENRIETTE, riant.

Le roi Salomon n'eût pas mieux trouvé.

SAVIGNY, le couteau dans une main, la statuette dans l'autre.

Choisissez la tête... ou les pieds ?..

HENRIETTE

Je n'ai pas de préférence !.. Mais l'heure s'envole. (*Elle sonne.*)

SCÈNE ONZIÈME

LES MÊMES, BRUNO.

BRUNO, entrant, à part.

Ciel ! un couteau à la main ! Monsieur va un peu trop loin peut-être. (*Haut.*) Madame appelle au secours ?

HENRIETTE, haussant les épaules.

Non !.. Faites avancer une voiture !..

SAVIGNY

Deux voitures !

BRUNO, au public.

Ils sont bien brouillés et s'ils tentent de se raccommoder... je viens de trouver une idée, je ne vous dis que ça... (*Il sort.*)

SCÈNE DOUZIÈME

SAVIGNY, HENRIETTE, puis BRUNO.

SAVIGNY

Le sort en est jeté !

HENRIETTE

Mon Dieu, oui ! (*A part.*) Pas un regret !

SAVIGNY, à part.

Pas une larme ! (*Haut.*) Ainsi, vous allez vous éloigner le sourire aux lèvres, l'hypocrisie dans les yeux et dans le cœur !.. mauvaise épouse, vous avez cherché à me tromper ! mauvaise mère, vous avez oublié votre enfant !

HENRIETTE

Mais c'est affreux, ce que vous dites là.

SAVIGNY

Depuis trois mois que nous sommes en voyage, nous avons été en Hollande, en Bohême et même en Bavière, la patrie des jouets de l'enfance : avez-vous seulement songé à envoyer à Paul le moindre joujou ?

BRUNO entre et se cache derrière le chevalet. A part.

Ma malle est tout à fait faite, voyons où ils en sont.

HENRIETTE

Voici ma réponse !.. (*Elle prend une petite malle pleine de jouets d'enfant et les éparpille sur le parquet.*)

BRUNO, à part.

Dieu du ciel !

SAVIGNY

Vous comptiez offrir tout cela en cachette à Paul. Je vous reconnais bien là, vous n'avez pas d'autre idée que d'accaparer toute l'affection de ce cher ange.

HENRIETTE

Ce cher ange, comme vous l'appelez, vous préoccupe peu... Vous avez passé trois jours à Nuremberg, et vous n'avez pas songé à lui acheter un seul polichinelle !.. Il y en avait pourtant d'assez beaux qui vous crevaient les yeux.

SAVIGNY

Voici ma réponse ! (*Il sort de dessous la table un polichinelle énorme.*)

BRUNO, à part.

Oh !.. quel *Porichinelle !* Il est capable de les raccommoder... En avant les grands moyens.

HENRIETTE

Vous le cachiez, vous aviez donc aussi de mauvaises intentions.

BRUNO, à part.

Soyons d'une adroite maladresse. (*Donnant un coup de plumeau dans la porte et faisant mine d'entrer. — Haut.*) Monsieur... (*Il agite une lettre qu'il cache rapidement quand Henriette regarde.*) Madame... (*Il montre une autre lettre et la cache quand Savigny l'a vue.*)

SAVIGNY

Que veut dire cette télégraphie ?

BRUNO, baissant les yeux.

Voilà ce que c'est, je ne sais pas *diplomatiquer*, moi, j'aime mieux tout avouer ; c'est quelqu'un que je ne connais pas qui est arrivé et qui m'a dit comme ça : Bruno, mon garçon, voici une lettre qu'il faut remettre à madame quand monsieur aura le dos tourné, et puis une autre qu'il faudra donner à monsieur en cachette de madame.

HENRIETTE

Donnez !

SAVIGNY

Et laissez-nous !

BRUNO, donnant les lettres. A part.

S'ils se raccommodent maintenant, j'irai en causer à Rome. (*Il sort.*)

SCÈNE TREIZIÈME

SAVIGNY, HENRIETTE, puis BRUNO.

SAVIGNY, à part, regardant le billet qu'Henriette tient à la main.

Ce billet... ne serait-il pas de Maurice ?

HENRIETTE, à part, regardant la lettre que Savigny tient à la main

Cette Lise Bleuet ose le relancer jusque chez moi.

SAVIGNY

Vous ne lisez pas votre lettre mystérieuse ?

HENRIETTE

Je pourrais vous faire la même question.

SAVIGNY

La curiosité n'est pas mon défaut.

HENRIETTE

Vous n'avez pas de défauts.

SAVIGNY, saluant.

Trop bonne !

HENRIETTE

Savez-vous que vous n'êtes guère galant ? votre poulet
est sans doute de cette dame, je veux dire de cette
demoiselle qui vous fait part de ses immenses succès à
Vichy.

SAVIGNY

C'est possible. Lisez donc, je vous prie ! (*Il lui montre
du doigt la lettre qu'elle tient à la main.*)

HENRIETTE

Plus tard.

SAVIGNY

Pourquoi pas tout de suite ?

HENRIETTE

La curiosité n'est pas mon défaut !

SAVIGNY

Vous n'avez pas de défauts !

HENRIETTE, s'inclinant:

Trop bon... Ne me direz-vous pas que ce billet est de mon cousin Maurice ?

SAVIGNY

Non, mais je le pense.

HENRIETTE

Vous avez peut-être raison.

SAVIGNY

Où allez-vous ?

HENRIETTE

Près de la fenêtre du salon, pour lire plus commodément.

SAVIGNY

Et pour me cacher votre émotion !

HENRIETTE

Au point où nous en sommes, pourquoi cacherais-je mon émotion ?

SAVIGNY

C'est juste, vous avez renoncé à toute retenue !

HENRIETTE

De mieux en mieux !

SAVIGNY, à Henriette qui va s'éloigner.

Restez, je le veux !..

BRUNO, ouvrant la porte et paraissant derrière le paravent.

Ça tourne au drame.

SAVIGNY, prenant le bras de Henriette.

Vous ne sortirez pas !.. Tant que notre séparation n'aura pas été prononcée, je serai le maître, parce que je suis votre mari !

HENRIETTE

Et parce que vous êtes le plus fort !

SAVIGNY

Donnez-moi cette lettre !

HENRIETTE

Vous ne l'aurez pas. Il ne vous reste plus qu'à me faire violence... Battez-moi, monsieur, battez-moi. (*Savigny hausse les épaules.*)

BRUNO, au public.

Rassurez-vous, il ne la battra pas. (*On entend le bruit d'un fouet.*)

SAVIGNY

Nos voitures.

BRUNO, à part.

Bonne affaire !

HENRIETTE

Oserai-je, monsieur, réclamer ce petit cachemire qui couvre votre tableau.

SAVIGNY

Prenez-le, madame.

BRUNO, à part.

Nous allons donc savoir le mystère.

HENRIETTE, avec volubilité.

J'ai juré de ne jamais approcher de ce chevalet, et je tiens mes serments, moi; m'exposer à voir ce tableau qui prend toutes vos matinées depuis si longtemps !.. C'est sans doute une nouvelle édition de Mlle Lise Bleuet, revue, considérablement embellie... mais non corrigée. (*Sans répondre, Savigny enlève le châle.*) Que vois-je, Paul! mon fils! Il me regarde : on dirait qu'il va me parler!

BRUNO, à part.

Patatras! tout mon échafaudage qui s'écroule, heureusement mes lettres sont là.

HENRIETTE

Et moi qui vous accusais! (*Changeant de ton.*) Monsieur, comment avez-vous pu faire un tel chef-d'œuvre de souvenir ?

SAVIGNY

Cher enfant, est-ce que je ne le vois pas toujours avec les yeux du cœur ?

HENRIETTE

Mon ami, me pardonnerez-vous mes injustes soupçons?.. Voici d'abord cette vilaine lettre.

SAVIGNY

Voici la mienne, lisez...

HENRIETTE

Lisons.

BRUNO

Voilà l'heure du triomphe.

SAVIGNY et HENRIETTE, éclatant de rire.

Délicieux !

BRUNO, à part, étonné.

Pourquoi rient-ils, ils ne devraient pas rire.

HENRIETTE, lisant.

« Monsieur, monsieur Maurice de Trany vient d'arri-
« ver à Spa, ce matin ; méfiez-vous. *Un ami des maris.* »
— Ce pauvre Maurice !

SAVIGNY, lisant.

« Prenez garde, madame. Mademoiselle Lise Bleuet,
« artiste du Palais-Royal, est dans nos murs depuis *karan-*
« *tuit* heures ! *Un ami des femmes.* » — (*Riant.*) Cette
pauvre Lise Bleuet !

HENRIETTE

C'est une plaisanterie !

SAVIGNY

C'est une gageure !

HENRIETTE

Cette manière d'écrire quarante-huit (*Épelant*) K A -
R A N T U I T ne m'est pas inconnue...

SAVIGNY

Appelons Bruno. (*Bruno disparaît.*) Nous saurons par
qui ces lettres ont été apportées. (*Il sonne.*)

HENRIETTE

Voilà le cas que je fais de la photographie du cousin
Maurice.

SAVIGNY

Voilà comme je tiens à celle de mademoiselle Lise
Bleuet. (*Ils déchirent en même temps les deux portraits.*)

SCÈNE QUATORZIÈME

LES MÊMES, BRUNO.

BRUNO, entrant par la porte du fond.

Madame a sonné ? (*Voyant les portraits en morceaux.*) Oh ciel ! ah ! grands dieux ! mon Adélaïde en deux morceaux et le pauvre Bruno en quatre, j'en aurai la jaunisse !

SAVIGNY

Que dit-il ?..

HENRIETTE

Qu'il s'est moqué de nous !.. (*Prenant le livre de dépense de Bruno.*) Une livre de bougies de *karan-tuit* sous. (*Montrant le livre à Bruno et les lettres anonymes.*) N'est-ce pas la même écriture, monsieur Bruno ?

BRUNO, tombant à genoux comiquement.

Grâce, madame !.. l'amour seul est coupable !.. c'est ce petit scélérat, qui vidait son carquois dans mon cœur de jeune homme... hi ! hi ! hi !

SAVIGNY

Mais enfin ?..

BRUNO

Ne pouvant vivre loin de mon Adélaïde, j'ai cherché le moyen de faire partir madame pour Paris !.. hi ! hi ! hi !

HENRIETTE

Mais ces portraits-cartes ?

BRUNO

Sont ceux de la belle Adélaïde et de votre très-humble
serviteur Bruno ci-présent. . hi ! hi ! hi !

HENRIETTE

Des domestiques !..

SAVIGNY

Je comprends, nous étions des pantins, dont monsieur
tirait les fils !.. C'est très-flatteur !.. Si tu veux, Henriette, nous ne parlerons plus jamais du cousin Maurice...

HENRIETTE

Qui est marié au Mexique, j'ai oublié de te le dire.
Mon ami, me pardonnes-tu ?

SAVIGNY

Parfaitement.

HENRIETTE

Ni de mademoiselle Lise Bleuet.

SAVIGNY

Qui est aussi à peu près mariée en Russie.

HENRIETTE

Retournons tout de suite près de notre cher petit ange
blond.

SAVIGNY

Vite à Paris !

BRUNO, se levant, vivement.

A Paris !.. je vais faire les malles !..

HENRIETTE

Faites la vôtre !..

BRUNO

Elle est toute prête, madame, j'ai commencé par elle.

SAVIGNY

Fort bien, je vous renvoie en Normandie chez votre père.

BRUNO, tombant assis.

Chez papa !.. Adieu, mon Adélaïde !.. mon Adélaïde, adieu !.. Je vais aller me périr !..

HENRIETTE

Nous sommes heureux, pardonnons-lui.

SAVIGNY

Au fait, la belle Adélaïde se chargera de la punition.

BRUNO, au public, finement.

C'est égal !.. en attendant la punition, il y aura peut-être la récompense, ô mon Adélaïde !

La toile tombe.

LES PRUNES

Poésie

Par M. Alphonse DAUDET

LES PRUNES

I

Si vous voulez savoir comment
Nous nous aimâmes pour des prunes,
Je vous le dirai doucement,
Si vous voulez savoir comment.
L'amour vient toujours en dormant,
Chez les bruns comme chez les brunes ;
En quelques mots voici comment
Nous nous aimâmes pour des prunes.

II

Mon oncle avait un grand verger
Et moi j'avais une cousine ;
Nous nous aimions sans y songer,
Mon oncle avait un grand verger.
Les oiseaux venaient y manger,
Le printemps faisait leur cuisine :
Mon oncle avait un grand verger
Et moi j'avais une cousine.

III

Un matin nous nous promenions
Dans le verger, avec Mariette :
Tout gentils, tout frais, tout mignons,
Un matin nous nous promenions.
Les cigales et les grillons
Nous fredonnaient une ariette :
Un matin nous nous promenions
Dans le verger, avec Mariette.

IV

De tous côtés, d'ici, de là,
Les oiseaux chantaient dans les branches,
En si bémol, en ut, en la,
De tous côtés, d'ici, de là.
Les prés en habit de gala
Étaient pleins de fleurettes blanches.
De tous côtés, d'ici, de là,
Les oiseaux chantaient dans les branches.

V

Fraîche sous son petit bonnet,
Belle à ravir, et point coquette,
Ma cousine se démenait,
Fraîche sous son petit bonnet.

Elle sautait, allait, venait,
Comme un volant sur la raquette :
Fraîche sous son petit bonnet,
Belle à ravir, et point coquette.

VI

Arrivée au fond du verger,
Ma cousine lorgne les prunes ;
Et la gourmande en veut manger,
Arrivée au fond du verger.
L'arbre est bas ; sans se déranger
Elle en fait tomber quelques-unes.
Arrivée au fond du verger,
Ma cousine lorgne les prunes.

VII

Elle en prend une, elle la mord,
Et, me l'offrant : « Tiens !.. » me dit-elle.
Mon pauvre cœur battait bien fort,
Elle en prend une ; elle la mord.
Ses petites dents sur le bord
Avaient fait des points de dentelle...
Elle en prend une, elle la mord,
Et, me l'offrant : « Tiens ! » me dit-elle.

VIII

Ce fut tout, mais ce fut assez ;
Ce seul fruit disait bien des choses,

(Si j'avais su ce que je sais !..)
Ce fut tout, mais ce fut assez.
Je mordis, comme vous pensez,
Sur la trace des lèvres roses.
Ce fut tout, mais ce fut assez ;
Ce seul fruit disait bien des choses.

IX

A MES LECTRICES

Oui, mesdames, voilà comment
Nous nous aimâmes pour des prunes :
N'allez pas l'entendre autrement ;
Oui, mesdames, voilà comment.
Si parmi vous, pourtant, d'aucunes
Le comprenaient différemment,
Ma foi, tant pis ! voilà comment
Nous nous aimâmes pour des prunes.

LES REVANCHES DE L'ESCALIER

Comédie en un acte

Par M. Ernest D'HERVILLY

PERSONNAGES

M. SERVAL.

Mme D'ALLERAY.

M. COQUELIN cadet.

Mlle JEANNE SAMARY,

LES REVANCHES DE L'ESCALIER

*Un palier d'escalier. — Portes munies de cordons de
sonnettes, à droite et à gauche. — Une banquette au
milieu. — Au fond, l'escalier.*

SCÈNE PREMIÈRE

MADAME D'ALLERAY, seule.

*(Elle sort à reculons par la porte de droite, en disant
d'un air très-pincé :)* Adieu, mon oncle ! Adieu ! *(Puis
elle se dirige vers l'escalier, au fond ; mais, au moment
de mettre le pied sur la première marche, pour descendre, elle s'arrête, se retourne et semble réfléchir.
Elle se frappe le front, en murmurant :)* Voilà ce que
j'aurais dû lui dire ! Oui, c'est cela ! On ne pense jamais
à ces choses-là que dans l'escalier. Il est bien temps
alors ! *(Tout à coup, prenant une résolution, elle revient
vivement du côté de la porte de droite, en disant :)* J'ai
bien envie de rentrer lui dire ?.. Bah ! non : ce n'est
pas la peine... — Cependant ?.. — Ma foi ! non ! —
Allons-nous-en ! *(Elle revient brusquement à l'escalier,
et, après une nouvelle seconde de consultation muette avec
elle-même, elle se décide à s'en aller pour tout de
bon. Elle disparaît.)*

SCÈNE DEUXIÈME

SERVAL, seul.

(Il sort à reculons par la porte de gauche, salue profondément et dit :) Adieu, madame, adieu ! — Soyez heureuse ! *(La porte se referme sur son nez. — Il se retourne et dit avec violence :)* Eh bien ! tant mieux ! — Après tout, j'aime mieux ça. C'est net ! *(Il s'en va résolûment, d'un pas raide, du côté de l'escalier. Arrivé à la première marche, il s'arrête, réfléchit et s'écrie :)* Mais ?.. Ah ! c'est toujours la même chose ! Voici maintenant que les bonnes raisons me reviennent en foule. Oui, c'est bien cela. C'est clair ! c'est parfait ! Elle me disait ceci, j'aurais dû lui répondre cela ! Et dire que c'est toujours dans l'escalier qu'on trouve ces phrases-là ! — Oui, oui, c'est évident ! — Quand Archimède trouva la loi de la pesanteur spécifique des corps, on dit que c'est dans un bain qu'il s'écria : *Eurêka !* Eh bien ! moi, je suis sûr que c'est dans un escalier ! *(Il revient du côté de la porte de gauche.)* J'ai bien envie de solliciter un nouvel instant d'entretien ? Oui. — Mais ? — Bah ! à quoi bon ? — Ce que femme ne veut pas, Dieu est bien trop poli pour le lui faire vouloir. — C'en est fait. Le sort en est jeté. — Allons-nous-en ! *(Il se dispose à s'en aller sérieusement. Pendant qu'il hésite encore, madame d'Alleray reparaît sur le palier. Serval la croise. Il lui tire un grand coup de chapeau, et disparaît à son tour.)*

SCÈNE TROISIÈME

MADAME D'ALLERAY, seule.

Il est très-poli, ce monsieur ; très-poli. — Ah ! c'est qu'à présent on ne salue plus beaucoup dans un escalier les femmes devant lesquelles on passe, et dame, on le remarque. — Tout s'en va ! — Mais il ne s'agit pas de cela. Je suis remontée ici pour dire son fait à mon oncle. Oui, je m'en allais, comme cela, toute penaude, comme une petite fille avec sa tartine à l'envers. — Mais, puisque tartine il y a, c'est à mon cher oncle que je vais la servir. Oui, mon oncle, oui, je reviens pour vous dire ce que je n'ai pas eu la présence d'esprit, tout à l'heure, de vous répliquer. Je me suis tue, comme une sotte. Mais cela ne peut pas se passer comme cela ! Ah ! mais, non ! c'est impossible. Vous n'aurez pas le dernier ! — J'ai eu mon petit paquet, mais je vous en rapporte un, de même calibre. Oui, mon oncle, oui, l'escalier porte conseil. Ce n'est pas sur le chemin de Damas que saint Paul a dû être frappé de la lumière, c'est dans un escalier. Dans l'escalier, on retombe toujours, moralement, sur ses pieds. — Allons, c'est décidé ! Je vais sonner. — Mais voyons ? Réfléchissons encore une minute. Groupons bien, en bataillon carré, les petites amabilités que je viens de trouver et que je vais avoir l'honneur d'offrir à mon cher oncle ! (*Elle s'assied sur un coin de la banquette, tournant le dos à l'escalier.*)

SCÈNE QUATRIÈME

MADAME D'ALLERAY, SERVAL.

SERVAL, reparaît sur le palier. Il salue profondément la dame qui
lui tourne le dos, et, en allant à la porte de gauche, il dit à
mi-voix :

Tiens ! encore cette dame ? — Fort distinguée ! Jolie
taille ! mais il ne s'agit pas d'être galant avec les dames,
pour le moment. Oh ! non ! — Pour le moment, j'ai les
femmes en horreur, principalement madame veuve
des Thérébinthes, une créature ravissante, dont le mari
n'est plus qu'un souvenir extrêmement effacé, et qui
demeure ici derrière cette porte ! — Oui, je la déteste !
— Ah ! elle m'a bien donné mon congé, et moi je m'en
suis allé piteusement, comme un valet qu'on bâtonne
et qu'on chasse ! mais, entre cet étage et l'entresol,
marche à marche, j'ai réfléchi, et je me suis dit : ça
ne peut pas se passer comme cela ! Tout à l'heure je
suis demeuré très-sot, sans voix, comme le bocage,
non, comme le rossignol du poëte ; mais dans l'escalier j'ai retrouvé toute mon éloquence ! Je suis redevenu moi-même ! Oui, j'ai maintenant dans le cœur
une mitrailleuse chargée d'arguments irrésistibles. Je
vais tourner la manivelle et rrran ! madame des Thérébinthes, vous serez vaincue ! Oui, madame des Thérébinthes, oui, vous vous repentirez d'avoir traité un
galant homme comme on traite un fruitier qui vous a
vendu un melon qui n'est pas mûr ! — Sonnons ! — Oh !
voyons, une carte pour lui faire passer mon nom... (*Il
cherche une carte dans son carnet.*)

MADAME D'ALLERAY

Bon ! Je suis prête ! — Je me suis suffisamment armée.
— Sonnons ! (*Elle se lève et prend en main le cordon de
la sonnette de la porte de droite.*)

SERVAL

(*Même jeu à gauche.*) Je suis prêt. — Sonnons !

MADAME D'ALLERAY

(*Elle lâche le cordon de la sonnette.*) Au fait, pourquoi ? — Je suis bien bonne de me faire de la bile ! A
quoi cela m'avancera-t-il de convaincre mon oncle ?

SERVAL

(*Il laisse retomber le cordon de la sonnette.*) Au fait,
pourquoi pousser plus loin cette aventure ? Je n'aime
pas madame des Thérébinthes ?

MADAME D'ALLERAY

(*Elle reprend le cordon.*) Mais, alors, je m'avoue vaincue ! — Alors, je quitte la place honteusement, sans les
honneurs de la guerre !

SERVAL

(*Il reprend le cordon.*) Si je ne sonne pas, alors, c'est
que je suis réellement un nigaud. — Sonnons ! — Ah !
ma foi, tant pis, non ! non ! non ! Au diable les veuves !
(*Il lâche le cordon et fait un pas du côté de l'escalier.*)

MADAME D'ALLERAY

Bah ! — Qu'est-ce que cela peut me faire ! — Au diable
les oncles ! (*Elle lâche le cordon de sonnette et se dirige
vers l'escalier.*)

SERVAL, saluant, à part.

Ah ! encore cette dame ? (*Haut.*) Madame...

MADAME D'ALLERAY, à part, avec une petite inclinaison de tête.

Tiens ! toujours ce monsieur ? (*Haut.*) Monsieur...

SERVAL

Je vous demande bien pardon, madame, j'ai déjà eu l'honneur de vous croiser dans cet escalier, ce me semble ? — Vous vous étonnez peut-être de m'y trouver encore, madame... Oh ! je vous en prie, n'allez pas penser... ne croyez pas à un dessein prémédité. — Je ne suis pas un de ces effrontés poursuivants qui secrètent de vilaines choses dans l'oreille des dames. — Non : j'étais remonté tout simplement pour dire...

MADAME D'ALLERAY

Mais, monsieur... je ne vous comprends pas ?.. — L'escalier est ciré : il luit pour tout le monde...

SERVAL, poliment.

Parfaitement raisonné. — Oui, l'escalier... j'avoue pourtant qu'il est rare d'y saluer des personnes aussi...

MADAME D'ALLERAY, vivement.

Oh ! monsieur, point de compliments. Je ne les déteste pas, mais je ne suis point d'humeur aujourd'hui, surtout en ce moment, à les essuyer de sang-froid. — Car, si vous me voyez ici, c'est que j'étais remontée pour quereller...

SERVAL, lui coupant la parole.

Si vous croyez que je suis plus calme que vous en ce moment, vous vous méprenez abondamment, madame ! je suis fort en colère, madame, fort en colère !

MADAME D'ALLERAY

Et moi aussi, monsieur !

SERVAL

Je viens d'avoir une explication fort vive, madame,
fort vive !

MADAME D'ALLERAY

Et moi aussi, monsieur !

SERVAL

Et j'étais parti sans avoir trouvé rien de bien triomphant à répondre.

MADAME D'ALLERAY

Tiens ! c'est toujours exactement ce qui m'est arrivé,
monsieur.

SERVAL

Vous m'étonnez, madame ? — Donc, madame, je m'en
allais battu et pas content; mais, à peine hors de l'appartement où avait eu lieu la scène orageuse dont je vous
passe les détails, à peine enfin dans cet escalier, j'ai
repris mon sang-froid, j'ai retrouvé ma présence d'esprit. Les mots vainqueurs me sont revenus en foule. Des
flots de raisons péremptoires ont inondé ma cervelle, et
alors je suis revenu, décidé à lutter de nouveau, avec
des armes fraîchement émoulues.

MADAME D'ALLERAY

Mais, monsieur, c'est ma propre histoire, mot pour
mot, que vous me racontez là.

SERVAL

Bah ! Quoi ! vous veniez de vous disputer... de diffé-
rer d'avis, veux-je dire, avec une personne depuis longtemps engagée dans la carrière du veuvage ?

MADAME D'ALLERAY

Oui, monsieur. Vous l'avez dit ! — Avec mon oncle, là, la porte à droite.

SERVAL

Ah ! permettez, madame, permettez ! — Ici, il y a un changement d'aiguille à opérer. Une bifurcation se présente, en ce qui me concerne du moins. Je viens, moi, de me disputer avec une veuve, madame des Thérébinthes, là, la porte à gauche.

MADAME D'ALLERAY

Avec une veuve ?

SERVAL

Oui, madame, et, je puis le dire sans fatuité, c'est même la première fois que cela m'arrive... avec une veuve. Ordinairement, avec les veuves, on s'entend généralement assez bien... (*Il rit.*) quand on n'est pas marié avec elles, bien entendu !

MADAME D'ALLERAY, vivement.

Monsieur !

SERVAL, comprenant qu'il a une veuve devant lui.

Ah ! pardonnez-moi ma distraction, madame ! — Ah ! je suis bien coupable. — J'aurais dû deviner, en voyant tant de charmes, que... que quelqu'un, en effet, avait dû mourir d'amour pour vous... et que vous en étiez veuve ! — Mais, devant cette toilette — qui n'est pas garnie de larmes — j'ai cru pouvoir penser...

MADAME D'ALLERAY, très-gravement.

Plus un mot, monsieur ! — Oui, je suis veuve, je suis madame veuve d'Alleray, — et le noir uni que vous vous

étonnez de ne pas trouver dans ma toilette, c'est dans
l'âme que je le porte...

SERVAL, gravement.

Ah ! oui, je comprends, madame, dans l'âme, à l'abri
des changements de la mode, cette sans cœur ! — Mais
encore un mot, madame... Il y a veuves et veuves, et...

MADAME D'ALLERAY, sèchement.

C'est bien, monsieur, — ne cherchez pas à vous excuser. — Brisons là.

SERVAL

Oh ! comme vous me pardonneriez ma légèreté,
madame, si vous saviez à quelle diablesse je viens d'avoir
affaire ! — D'abord, c'est une blonde et je n'aime que les
brunes. (*Il dit la nuance des cheveux de madame d'Alleray.*)

MADAME D'ALLERAY

Monsieur, je ne vous demande pas vos goûts... —
Permettez... (*Elle fait mine de s'en aller.*)

SERVAL, la retenant.

De grâce, madame, restez ! Encore un mot ! — Laissez-moi reprendre le fil de mon histoire. — Je vous dois
des explications, je vous les apporte. D'ailleurs, nous
ne sommes plus étrangers l'un à l'autre. Cet escalier a
créé entre nous un lien. Nous le gravîmes ensemble, à
plusieurs reprises, nous allons le redescendre de même.
Oh ! madame, et ce sera pour jamais ! Ainsi, c'est donc
un entretien suprême qui a lieu en présence de cette
rampe. Laissez-moi le savourer. — Eh bien ! madame...
— Mais prenons place sur cette banquette, je vous en
conjure ! — Eh bien ! madame, forcé par des parents

barbares, que mon célibat indispose, à choisir sans délai
une compagne pour le restant de mes jours, je suis venu
ce matin dans cette maison, sur ce palier, au second, la
porte à gauche. La porte à gauche, côté du cœur, du
moins je l'espérais ! Or, sur ce palier, derrière cette
porte, au fond du corridor, vit une dame d'un certain
âge, madame des Thérébinthes, une veuve dans toute la
force du terme. Charmante, d'ailleurs ! moins que vous,
cependant. Avec des yeux !.. beaucoup plus petits que
les vôtres, je l'avoue, et une main, comme la vôtre, madame, non... au fait, non, beaucoup plus grande que
la vôtre... oui, car vous gantez du six et quart, n'est-ce
pas ?

MADAME D'ALLERAY, à part.

C'est un jeune gantier.

SERVAL

Quelle main exquise vous avez, madame ! Cette veuve,
je ne l'aimais pas. Je ne la connaissais même pas. On
me l'avait indiquée, voilà tout. Mais un seul mot d'espoir sorti de sa bouche gracieuse, — beaucoup moins
séduisante que la vôtre, entre parenthèses — m'aurait
disposé, je l'atteste, à l'adorer indéfiniment. — Car
madame, je puis bien vous le dire, je suis bon, sensible,
tendre, et mon cœur est vide. Je ne demande qu'à
trouver une femme à mon goût pour jeter à ses pieds
mon nom, mes rentes et les terres que je possède dans
le Vexin. Oui, j'aurais été très-heureux de trouver ici,
la porte à gauche, le « *doux nenni* » avec le « *doux sourire* » dont parle le poëte. Mais il paraît que je m'y
suis pris avec l'intelligence d'une huître armoricaine,
car j'ai essuyé ici le plus dur des nennis avec le plus dur
des sourires. — Je n'ai pas su me faire comprendre. —

Oh ! c'est que voyez-vous, madame, je suis timide, je suis lâche devant les femmes. (*Confidentiel. — A l'oreille de madame d'Alleray*.) On croit, on dit de moi le contraire dans le monde. Je passe pour un bourreau des cœurs. Erreur, madame, erreur ! Calomnie ! Bref, on m'a carrément mis à la porte, et ce n'est que dans l'escalier, oui, madame, dans l'escalier, que je suis redevenu moi-même, et que...

MADAME D'ALLERAY

Je vous comprends, monsieur. Car, moi aussi, ce n'est que dans cet escalier que j'ai repris courage, et c'est ce qui fait que je compatis un instant à vos ennuis. Oui, monsieur, — est-ce assez bizarre que cela arrive presque toujours ainsi ? — c'est dans cet escalier que j'ai retrouvé les phrases acerbes et virulentes que j'aurais dû décocher à mon oncle, — la porte à droite — tout à l'heure. Ah ! monsieur, mon oncle pourrait bien donner la main à vos parents barbares. Lui aussi, il veut me forcer à quitter brusquement un veuvage dont personne, jusqu'à présent du moins, ne m'a inspiré le dégoût, et il veut me faire épouser je ne sais qui, un de ses amis, laid comme un ancien marteau de porte, un viveur, un coureur de coulisses...

SERVAL

Exécrable mari, en effet. Oh ! fi ! un coureur de coulisses !

MADAME D'ALLERAY

C'est ce que j'ai essayé de faire comprendre à mon oncle ; mais je n'ai pas trouvé, sur le moment, les expressions concluantes, les arguments irréfutables. Je suis, comme vous, très-timide, un peu lâche, et alors, au lieu de continuer le combat avec énergie, j'ai déserté, oui, déserté ! j'ai pris la fuite, tout à fait fâchée contre lui. Mais, dans l'escalier, j'ai repris mon aplomb, et, comme je ne voulais pas cependant m'avouer battue à plate couture, je suis remontée pour lui dire que...

SERVAL

Oui, vous avez bien raison. Ce retour offensif pourrait être couronné de succès. — Je me suis dit cela aussi. — Mais en somme, à quoi bon ? — Le dédain a bien son charme aussi. — Dédaignons. — C'est pourquoi, tout à l'heure, j'ai renoncé à sonner une seconde fois à la porte à gauche.

MADAME D'ALLERAY

Votre raisonnement a du bon. Oui, j'ai pensé comme vous, tout à l'heure, qu'il fallait en rester là. Aussi, au moment de sonner pour la seconde fois à la porte de mon oncle, j'ai hésité. — Maintenant, je n'hésite plus, je m'abstiens. Je quitte la place, et que mon oncle aille se promener avec son Henri Serval !

SERVAL

Pardon, madame. — Vous dites : avec son Henri Serval ?

MADAME D'ALLERAY

Eh bien, oui.

SERVAL

Oh ! c'est que, madame, ça fait double emploi. Je viens déjà d'être envoyé... à la promenade par la porte à gauche.

MADAME D'ALLERAY

Vous ! — vous êtes donc cet Henri Serval ?..

SERVAL

Le coureur de coulisses, oui, madame, et laid comme un ancien marteau de porte, selon vos propres expressions.

MADAME D'ALLERAY

Ah ! monsieur ! n'abusez pas, je vous avais pris pour un gantier.

SERVAL

Non, madame, je suis un jeune astronome.

MADAME D'ALLERAY

Je suis d'une confusion...

SERVAL

Et moi, je suis d'une joie extrême, et j'en remercie mes bonnes étoiles. — Vous m'avez insulté, madame, vous me devez une réparation, et j'ai le choix des armes. — Nous nous battrons au mariage, madame : votre heure ?

MADAME D'ALLERAY

Vous connaissez donc M. Beaumourou, mon oncle Beaumourou ?

SERVAL

Certainement ! — Il m'a souvent mené voir la lune dans le télescope de la place de la Concorde. De là, ma profession. — Ce cher Beaumourou ! j'ignorais qu'il habitât cette maison. Mais je bénis le bail qui l'y attache, puisqu'il me fournit l'occasion de vous dire... de vous supplier de... — Allons, bon ! Voilà que je ne trouve plus mes mots ! — Je n'ai jamais vu un escalier pareil ! Tout à l'heure, il m'inspirait; à présent, il me rend sot,

15.

comme un mouton de Panurge. — Ah ! je vous en prie,
ô nièce charmante de l'oncle Beaumourou, permettez-
moi de vous écrire, à l'instant, ce que je me sens complétement incapable de vous exprimer de vive voix...
Voyez-vous, la plume aux doigts, ça va très-bien, ça
coule, ça coule, mais je suis bête comme tout, la langue
à la main... (*Il tire un crayon de sa poche, déchire une
feuille de son carnet et écrit, puis il tend la feuille à
madame d'Alleray en lui disant :*) Lisez.

MADAME D'ALLERAY

Quelle folie !

SERVAL

Lisez, au nom du ciel !

MADAME D'ALLERAY, elle lit.

*Monsieur Henri Serval, propriétaire, a l'honneur de
supplier madame veuve d'Alleray de lui accorder sa
main dans les délais de rigueur. Son amour est, comme
on dit dans ce monde de magasins de nouveautés, bon
teint et grande largeur. N'hésitez pas à répondre. En
fait de noces, il n'y a que le premier repas qui coûte.
Agréez...* (*Parlé.*) Allons, monsieur Serval, cessons ce
jeu ! — Quittons-nous bons amis.

SERVAL

Ah ! madame ! Quittons-nous mieux que bons amis !
— Il est impossible que nos cœurs ne restent pas pris
dans la cage de cet escalier ! Pour moi, madame, je
passerais volontiers le restant de ma vie sur ces mar-
ches, à la condition d'y rester nuit et jour à vos pieds,
même sans paillassons, et de vous dire que vous êtes la
femme de mes rêves, l'épouse honnête, spirituelle et

tendre que j'ai cherchée en vain ! Oui, madame, je ne
puis plus longtemps vous le dissimuler : je vous aime
très-sérieusement et, maintenant, j'obéis avec délices
aux ordres de la porte à gauche, et vous, madame, ne
vous résignerez-vous pas à écouter les conseils de la
porte à droite ?..

MADAME D'ALLERAY

Cela serait un peu bien brusque, monsieur.

SERVAL

Oui, mais ce serait charmant. Ah ! madame, je suis
un astronome et je sais que, dans ce bas monde, sans
flamme et sans idéal, on a coutume de ne marcher que
pas à pas, par degrés ; mais, dans un escalier, le cœur
doit s'élancer quatre à quatre...

MADAME D'ALLERAY

Voyons, soyez raisonnable !

SERVAL

Non, madame, non. — Mais je vous aime ! — Et,
— avez-vous une de vos cartes sur vous ?

MADAME D'ALLERAY

Oui. (*Elle lui en donne une.*) Mais pourquoi ?..

SERVAL

Pour ceci... (*Il écrit rapidement quelques mots sur la
carte de madame d'Alleray.*) Tenez, madame, ceci est
pour votre oncle. (*Il écrit quelques mots sur sa propre
carte.*) Et ceci est pour madame des Thérébinthes. —
Lisons, pour voir s'il n'y a pas d'erreur.

MADAME D'ALLERAY, elle lit.

*Monsieur Henri Serval a l'honneur de vous faire part
de son très-prochain mariage avec madame veuve
d'Alleray.*

SERVAL, il lit.

Madame veuve d'Alleray a l'honneur de vous faire part de son très-prochain mariage avec monsieur Henri Serval. — Pas d'erreur, n'est-ce pas, madame ? — Nous allons faire remettre ces cartes à leur adresse respective, par l'entremise du concierge de cette maison.

MADAME D'ALLERAY

Mais...

SERVAL

Pas une syllabe de plus !.. (*Il prête l'oreille.*) Hein ? du bruit ! des clefs qui tournent dans des serrures ! à droite ! à gauche ! Ciel ! ce sont eux ! ma yeuve ! votre oncle !

MADAME D'ALLERAY, vivement.

Fuyons ! Ils ont peut-être changé d'avis !

SERVAL

Oh ! que je vous adore pour ce mot ! — Mais il est trop tard pour eux, maintenant ! — Fuyons ! — (*Il montre l'escalier.*) Par ici, madame. — Jacob n'avait qu'une échelle pour arriver au séjour des bienheureux, moi, je m'y rends par un escalier !

MADAME D'ALLERAY

Il est ciré ! — Prenez-garde à la chute ?

SERVAL

A vos pieds ! madame ! Ce serait la plus exquise des revanches de l'escalier.

Le rideau baisse.

LA FORCE DES FEMMES

Comédie en un acte

Par M. Henry MEILHAC

PERSONNAGES

M. DE TERSAC, 49 ans, chef du cabinet du ministre
des affaires étrangères.

M. DE MAUROY, 38 ans.

VALENTINE, femme de M. de Mauroy.

MADAME DE PRADES.

UN DOMESTIQUE.

Paris, de nos jours.

LA FORCE DES FEMMES

Chez Mauroy. — Un salon très-élégant. — Portes au fond, à droite et à gauche. — 8 heures du soir.

SCÈNE PREMIÈRE

MADAME DE PRADES, MAUROY.

MADAME DE PRADES

Voyons, monsieur de Mauroy, avouez que vous ne savez pas bien ce que vous voulez dire?..

MAUROY

Je le sais parfaitement, au contraire; je veux dire que je vous...

MADAME DE PRADES

Ne parlons pas de cela ici; votre femme est là, elle pourrait vous entendre...

MAUROY

Non. La porte est bien fermée...

MADAME DE PRADES

Cela ne fait rien; ne parlons pas de votre amour...

MAUROY

Vous me rendez très-malheureux!..

MADAME DE PRADES

Et cette réponse que vous me promettez depuis deux mois?..

MAUROY

Je ne puis pas vous la donner encore.

MADAME DE PRADES

C'est bien de monsieur de Tersac que la chose dépend?..

MAUROY

Oui, la chose dépend de lui...

MADAME DE PRADES

Monsieur de Tersac est votre ami?..

MAUROY

Il est mon ami intime...

MADAME DE PRADES

Il n'a rien à vous refuser?..

MAUROY

Je le crois...

MADAME DE PRADES

Moi, j'en suis sûre; il est étonnant qu'il ne vous ait pas encore répondu. En demandant cette bagatelle à monsieur de Tersac, vous ne lui avez pas dit, au moins, que c'était pour moi que vous sollicitiez?

MAUROY

Vous pouvez être tranquille, je ne le lui ai pas dit... (A part.) Je ne lui ai rien dit du tout.

MADAME DE PRADES

Nous sommes assez mal ensemble et il suffirait que mon nom fût prononcé pour que monsieur de Tersac refusât d'appuyer cette demande...

MAUROY

Ne craignez rien, je ne vous ai pas nommée et ce n'est pas de là que viennent les retards...

MADAME DE PRADES

A la bonne heure, tâchez de terminer cette affaire le plus vite possible. Vous savez que j'y tiens particulièrement.

SCÈNE DEUXIÈME

LES MÊMES, VALENTINE.

VALENTINE

Vous, Mathilde?

MADAME DE PRADES

Bonsoir, ma chère.

VALENTINE

Est-ce qu'il y a longtemps que vous êtes ici? Si je l'avais su...

MADAME DE PRADES

Oh! je ne me suis pas ennuyée. — J'ai causé avec monsieur de Mauroy. — Il est très-amusant, monsieur de Mauroy.

VALENTINE

Vous trouvez ?

MADAME DE PRADES

Allez-vous chez madame de Cernay, ce soir ? Je viens savoir cela en passant...

VALENTINE

Oui, je pense...

MADAME DE PRADES

Moi aussi. Je rentre chez moi et je m'habille. Si vous le voulez, je viendrai vous prendre, nous irons ensemble.

VALENTINE

Je ne demande pas mieux.

MADAME DE PRADES

Voilà qui est entendu. (*A Mauroy*.) Viendrez-vous, monsieur ?

MAUROY

Certainement, madame !

MADAME DE PRADES

A tout à l'heure, ma chère. — Avez-vous eu froid au bois, aujourd'hui ? Moi, j'étais gelée. J'ai vu l'attelage que vous a donné monsieur de Mauroy, il est magnifique...

VALENTINE

Peuh ! je voudrais en changer...

MADAME DE PRADES

Pourquoi cela ?..

VALENTINE

Pour en avoir un autre...

MAUROY

C'est une raison!..

MADAME DE PRADES

En attendiez-vous une meilleure? Je ne vous ai pas vu au bois avec Valentine... Est-ce que vous n'y êtes pas allé?

MAUROY

J'y suis allé à cheval...

MADAME DE PRADES

Vous êtes un cavalier très-remarquable!

MAUROY

Je suis plus solide que brillant dans la conversation, — mais je monte très-bien à cheval.

MADAME DE PRADES

C'est un mérite...

MAUROY

Je suis entré à cheval dans une maison et je suis monté au premier étage.

MADAME DE PRADES

Vous êtes un original...

MAUROY

Une autre fois, j'ai fait une partie de billard.

MADAME DE PRADES

Toujours à cheval?..

MAUROY

Toujours à cheval...

MADAME DE PRADES

C'est très-beau. — Est-ce que vous avez gagné ?..

MAUROY

Non, j'ai perdu.

MADAME DE PRADES

Tant pis...

MAUROY

On n'est pas parfait...

MADAME DE PRADES

A qui le dites-vous ?..

MAUROY

Ce n'est pas pour vous que je disais cela...

MADAME DE PRADES

Hein !

MAUROY, à part.

Ai-je dit une bêtise ?..

MADAME DE PRADES, à Valentine.

N'avais-je pas raison ? monsieur de Mauroy est un homme très-amusant. — Je me sauve, ma chère, habillez-vous vite !..

VALENTINE

Je serai prête quand vous viendrez.

MADAME DE PRADES

A tout à l'heure, monsieur ! — La première fois que

vous me ferez l'honneur de venir chez moi, n'y entrez pas à cheval !

MAUROY

A tout à l'heure, madame !

SCÈNE TROISIÈME

MAUROY, VALENTINE.

VALENTINE

Où en êtes-vous avec madame de Prades ?

MAUROY

Vous croyez que je suis amoureux de madame de Prades ?

VALENTINE

Je vous en parle très-tranquillement parce que je n'ai pas la moindre inquiétude.

MAUROY

Valentine !

VALENTINE

Cela vous fâche que je n'aie pas la moindre inquiétude ?

MAUROY

Il n'est pas difficile de deviner qui vous a mis ces belles idées en tête.

VALENTINE

A mon tour, c'est moi qui ne comprends pas.

MAUROY

Que monsieur de Tersac cherche à vous faire croire
que je m'occupe de madame de Prades, je le conçois ;
ce que je conçois moins, c'est que vous ajoutiez foi à
de pareilles...

VALENTINE

Monsieur de Tersac ne m'a rien dit. — S'il m'eût dit
que vous passez toutes vos journées chez madame de
Prades, il m'eût dit la vérité.

MAUROY

Que voyez-vous d'étonnant à ce que j'aille souvent
chez madame de Prades ? — Est-ce que je trouve extraordinaire, moi, que monsieur de Tersac vienne tous les
soirs ici ?..

VALENTINE

Tous les soirs ?

MAUROY

Tous les soirs... ou à peu près.

UN DOMESTIQUE, annonçant.

Monsieur de Tersac...

MAUROY

Qu'en dites-vous ?..

SCÈNE QUATRIÈME

LES MÊMES, TERSAC.

TERSAC

Madame !

VALENTINE

Monsieur !

TERSAC

Bonsoir, Mauroy !

MAUROY

Bonsoir. (*Bas.*) Vous me rendez un grand service en venant ce soir...

TERSAC, bas.

Comment cela ?

MAUROY, bas.

Je vous le dirai. (*Haut.*) Savez-vous rien de préférable dans un ménage à une confiance réciproque ?

TERSAC

Rien, assurément ; — mais pourquoi me demandez-vous cela ?

MAUROY

Je trouve, moi, que sans une confiance réciproque il n'y a pas dans un ménage de bonheur possible...

TERSAC

C'est la même idée sous une autre forme. Où voulez-vous en venir ?

MAUROY

A ceci : que je dois, moi, aller au bal de madame de
Cernay. — Je vais m'habiller et je vous laisse avec
Valentine. — Bonsoir, Tersac.

TERSAC

Bonsoir, Mauroy.

MAUROY

Une confiance réciproque est, dans un ménage, le
gage d'une félicité durable. — Je vais m'habiller.

SCÈNE CINQUIÈME

VALENTINE, TERSAC.

VALENTINE

Il a été ironique... monsieur de Mauroy ironique !..
un peu plus, il eût été spirituel.

TERSAC

Oh !

VALENTINE

C'est odieux !

TERSAC

Cela vous irrite que votre mari ait failli être spirituel...

VALENTINE

Eh ! si j'avais voulu avoir un mari spirituel, je n'aurais pas épousé monsieur de Mauroy.

TERSAC

C'est juste.

VALENTINE

Je suis furieuse... Vous riez ?

TERSAC

Je ne ris pas...

VALENTINE

Vous ne voyez donc pas ce qui se passe ?

TERSAC

Non. Que se passe-t-il ?

VALENTINE

Il se passe que monsieur de Mauroy, qui est sot à faire plaisir avec tout le monde, ne l'est pas avec moi et que cela me met dans une colère épouvantable.

TERSAC

Diable ! le motif est sérieux...

VALENTINE

Parle-t-il à une autre personne, les balourdises les plus réjouissantes se pressent sur ses lèvres. Tout à l'heure encore, en causant avec madame de Prades, il a été incroyable. — Me parle-t-il à moi, il est digne, correct, presque élégant.

TERSAC

C'est une preuve d'estime. — Il est avec vous ce qu'il n'est avec personne...

16

VALENTINE

Et voilà ce que je ne puis supporter ; — un mari a le droit, à la rigueur, d'être spirituel avec tout le monde, excepté avec sa femme. Monsieur de Mauroy fait tout le contraire : que le premier venu lui fasse cent contes plus extravagants les uns que les autres, il se gardera bien d'en mettre un seul en doute. Je lui dirais, moi, presque la vérité, qu'il ne me croirait pas !..

TERSAC

Vous avez raison, cela est indigne...

VALENTINE

Avec moi, il a de la mémoire. — A ce que je dis aujourd'hui, il oppose ce que j'ai dit hier. A ce que je dis maintenant, il oppose ce que j'ai dit il y a un quart d'heure. — Il m'interroge, il m'embarrasse. — Est-ce moi, au contraire, qui veux lui faire avouer quelque chose, il élude mes questions, il échappe à mes piéges... il ment, monsieur, il ment... et je ne peux pas lui prouver qu'il ment !

TERSAC

Je vous plains de tout mon cœur. Ce Mauroy est un méchant homme, et vous ferez bien de vous venger de lui...

VALENTINE

Il le mériterait...

TERSAC

Il le mérite... vous savez bien que ce n'est pas moi qui vous dirai le contraire...

VALENTINE

Je le sais...

TERSAC

Vous êtes bien jolie quand vous êtes en colère, surtout quand vous êtes en colère contre votre...

VALENTINE

Chut, monsieur de Tersac! il ne faut pas me dire que
je suis jolie!

TERSAC

Et pourquoi cela?

VALENTINE

Parce que j'ai un mari donc, un mari que l'on ne peut
tromper...

TERSAC

Oh! pour le coup, je crois que vous exagérez sa supériorité.

VALENTINE

Je n'exagère rien, il a très-bien remarqué vos assidui-
tés. — Il m'a parlé de vous!

TERSAC

Il ne vous a pas parlé de moi sérieusement.

VALENTINE

N'avez-vous pas entendu ce qu'il a dit en nous quit-
tant?

TERSAC

Sur la confiance? Le fait est que je n'y ai pas compris
grand'chose. Mais cela ne doit pas être bien grave.

VALENTINE

Cela est très-grave. Il ne faut pas m'aimer. Le regard
de monsieur de Mauroy perce les murailles...

TERSAC

Ah ! si je pouvais croire que cette crainte seule...

VALENTINE

Je vais m'habiller, moi. — Et vous, qu'est-ce que vous faites ? vous allez encore travailler ?

TERSAC

Il le faut bien. — Me laisserez-vous partir sans qu'une parole de vous...

VALENTINE

Monsieur de Mauroy l'entendrait...

TERSAC

Sans qu'un regard, au moins...

VALENTINE

Monsieur de Mauroy le surprendrait...

TERSAC

Vous êtes impitoyable. — N'y a-t-il aucun moyen de vous toucher ? — Imposez-moi des épreuves; dites-moi ce que je pourrais faire ?

VALENTINE

Vous me demandez ce que vous pourriez faire pour être aimé de moi ? Je vais vous le dire : faites que désormais monsieur de Mauroy ne soit pas plus spirituel avec moi qu'avec la première personne venue...

TERSAC

Vous dites ?..

VALENTINE

J'aurais le droit d'exiger qu'il le fût moins, mais je veux être raisonnable et ne pas demander l'impossible.

Faites que monsieur de Mauroy soit avec moi ce que doit être avec sa femme un mari... ordinaire. Qu'il voie par mes yeux, entende par mes oreilles et que les plus mauvaises raisons, en passant par ma bouche, deviennent pour lui des raisons excellentes.

TERSAC

Vous parlez sérieusement ?

VALENTINE

Très-sérieusement. Jamais, tant que vous ne l'aurez pas amené là, je ne me croirai assez habile pour échapper à la perspicacité de monsieur de Mauroy. — J'ai peur de lui.

TERSAC

Vous avez tort.

VALENTINE

Je vous indique un moyen de me rassurer.

TERSAC

On n'a jamais rien demandé de pareil.

VALENTINE

Voilà votre amour envolé...

TERSAC

Non pas... mais c'est que...

VALENTINE

Au ministère, on dit que vous êtes un homme habile... votre habileté s'effraie-t-elle de si peu de chose ?..

TERSAC

Si peu de chose!.. si peu de chose!

16.

VALENTINE

Vous refusez ?

TERSAC

Je ne refuse pas, j'accepte au contraire... j'accepte...
je chercherai...

VALENTINE

A la bonne heure.

TERSAC

Et vous me promettez ?..

VALENTINE

Nous verrons quand vous aurez trouvé...

TERSAC

M'aiderez-vous, au moins ?..

VALENTINE

Oh ! pour cela... de tout mon pouvoir...

TERSAC

Bien. A quoi diable peut tenir l'esprit de Mauroy ?..

VALENTINE

Je ne sais pas, moi, cherchez. — Madame de Prades
viendra me prendre tout à l'heure. — Je vais m'habiller.
— Pendant ce temps-là, cherchez !.. cherchez...

SCÈNE SIXIÈME

TERSAC, seul.

Cherchez... cherchez... ce n'est pas si facile !.. Le
diable emporte Mauroy d'avoir de l'esprit avec sa femme...
Il lui était si facile de n'en pas avoir !..

SCÈNE SEPTIÈME

TERSAC, MAUROY.

MAUROY, tenue de bal.

Vous êtes seul !..

TERSAC

Oui, madame de Mauroy s'habille pour aller à ce bal...

MAUROY

Vous n'avez rien dû comprendre tout à l'heure à la
façon dont je vous ai reçu...

TERSAC

Je n'y ai rien compris ; c'est vrai...

MAUROY

Je vais vous expliquer... c'était une ruse de ménage...
Figurez-vous que tout à l'heure Valentine me reproche
à bout portant de faire la cour à madame de Prades...

TERSAC

Ah !..

MAUROY

J'avoue que j'ai été un moment embarrassé... — une attaque si brusque... Mais je me suis remis et j'ai riposté...

TERSAC

Comment !..

MAUROY

J'ai dit à Valentine que c'était vous qui lui mettiez en tête de pareilles idées afin de l'irriter contre moi !..

TERSAC

Vous lui avez dit cela ?..

MAUROY

Je le lui ai dit ; et je vous ai reçu de façon à lui faire croire que j'avais parlé sérieusement. — C'était adroit, n'est-ce pas ?

TERSAC

Très-adroit...

MAUROY

Valentine n'a rien répondu. — Est-ce que vous croyez à la force des femmes, vous ?..

TERSAC

Et vous ?..

MAUROY

Moi, je n'y crois pas. — Valentine n'a rien su me répondre !

TERSAC

Ah ! ça !.. vous aimez véritablement madame de Prades ?..

MAUROY

Je l'aime...

TERSAC

Et elle ?..

MAUROY

Je ne crois pas qu'elle me haïsse. — En tout cas, je
la tiens...

TERSAC

Vous la tenez ?..

MAUROY

Oui !.. Je puis lui rendre un service et je ne me
dépêche pas de le lui rendre.

TERSAC

Vous vous défiez d'elle ?

MAUROY

Non. Je me crois aimé, mais la sévérité de madame
de Prades me fait peur... et je suis bien aise d'avoir une
arme...

TERSAC, riant.

Sévérité ? vous avez bien dit sévérité ?..

MAUROY

Oui !.. Je sais. On a beaucoup parlé de madame de
Prades et cela ne m'étonne pas. — Mariée à un vieillard
et restée veuve très-jeune, il était impossible que l'on ne
parlât pas beaucoup d'elle. — Je sais ce qu'il faut croire
de tous ces bruits...

TERSAC

Que faut-il en croire ?..

MAUROY

Rien du tout !..

TERSAC

Vous l'aimez bien !..

MAUROY

Si je l'aime ! — Quand je la vois, je deviens bête.

TERSAC, à part.

Il paraît qu'il n'aime pas sa femme. Tout est là...

MAUROY

Je deviens bête, positivement !

TERSAC, à part.

Je commence à y voir plus clair. (*Haut.*) Ainsi, vous êtes persuadé que le monde a calomnié madame de Prades ?..

MAUROY

J'en suis persuadé. — Si vous saviez tout ce qu'on a inventé sur elle ! — N'a-t-on pas dit que vous aviez été son amant !..

TERSAC

On a dit cela ?..

MAUROY

On l'a dit. Vous savez mieux que personne qu'il n'en est rien...

TERSAC

Je le sais comme tout le monde...

MAUROY

Vous voyez bien...

TERSAC

Et il ne vous est pas venu à l'esprit que madame de Prades pût avoir aimé ou aimât un autre que vous ou moi ?..

MAUROY

Si fait !.. J'ai été jaloux de monsieur de Lagastine...

TERSAC

De monsieur de Lagastine, qui est maintenant attaché à Lisbonne ?..

MAUROY

Justement. — J'ai été jaloux de lui, Mathilde m'a prouvé que j'étais fou.

TERSAC

Comment vous l'a-t-elle prouvé ?..

MAUROY

Je ne me le rappelle pas; — mais je sais qu'elle me l'a prouvé...

TERSAC

Vous l'aimez bien ?..

MAUROY

Oui !..

TERSAC

Vous avez raison. Ainsi, vous, vous ne croyez pas à
la force des femmes ?..

MAUROY

Je n'y crois pas. — Mais pourquoi revenez-vous
là-dessus ?

TERSAC

Vous avez tort de ne pas y croire !..

MAUROY

J'ai tort, pourquoi ?..

TERSAC

Parce que les femmes sont très-fortes !..

MAUROY

Parlez-vous pour quelqu'un ?..

TERSAC

Je parle en général...

MAUROY

Dites-vous cela pour madame de Prades ?

TERSAC

Je le dis pour madame de Prades comme pour les
autres !..

MAUROY

Vous voulez me faire croire que monsieur de Lagastine est son amant ?..

TERSAC

Comment vous a-t-elle prouvé le contraire ?

MAUROY

Je vous dis que je ne m'en souviens pas...

TERSAC

Cela ne m'étonne pas...

MAUROY

Comment, cela ne vous étonne pas !..

TERSAC

Pas du tout. — Madame de Prades aura joué avec vous la comédie que jouent toutes les femmes; des paroles, des larmes, de la fierté, un peu de colère, une pose heureuse, une main qui tombe languissamment, la tête penchée avec grâce... de raisons, pas une ombre, et l'on est convaincu...

MAUROY

Moi, me payer de mots, moi dupe d'une comédie !.. pour quel homme me prenez-vous ?..

TERSAC

Eh ! mon Dieu, vous ne seriez pas le premier...

MAUROY

Ma femme a quelquefois voulu jouer à ce jeu. Elle n'y est pas revenue...

TERSAC

Il ne s'agit pas de madame de Mauroy... il s'agit de madame de Prades...

MAUROY

Je vous dis qu'elle m'a donné des preuves... Elle m'a

dit, elle m'a dit... que diable m'a-t-elle dit ?.. Le fait
est que je ne peux pas me souvenir...

TERSAC

Il se peut fort bien, après tout, qu'elle vous ait donné
d'excellentes raisons èt que vous les ayez oubliées,
comme vous dites.

MAUROY

C'est cela, je les aurai sans doute oubliées...

TERSAC

Si elle vous les a données une fois, elle vous les don-
nera très-facilement une seconde...

MAUROY

Certes ; mais comment l'amener à me parler ?..

TERSAC

En lui parlant le premier...

MAUROY

C'est très-juste ; je n'ai aucune idée ce soir...

TERSAC

Tout à l'heure à ce bal...

MAUROY

Non. Dans un bal, au milieu de la foule... je ne pourrais m'expliquer, mais chez elle — elle ne doit pas être
sortie encore ; une voiture... et je vais...

TERSAC

C'est cela... Allez chez elle... Pourquoi diable dites-vous que vous n'avez pas d'idées ? Celle-là est excellente...

MAUROY

Monsieur de Lagastine... Mathilde... oh ! non... c'est impossible, — elle se serait trop moquée de moi... c'est impossible...

TERSAC

Mon opinion, à moi, est qu'on ne s'est pas moqué de vous ; mais si je suis seul à vous le dire, peut-être ne me croirez-vous pas ? — Il vaut mieux vous en assurer...

MAUROY

Vous avez raison, je cours...

(*Il sort.*)

SCÈNE HUITIÈME

TERSAC, seul.

Il paraît qu'il en est de la bêtise comme de l'esprit. Quand on en dépense trop dehors, on n'en a plus à dépenser chez soi. Il aime madame de Prades et il n'aime pas sa femme. — Ma position est donc celle-ci : J'aime une femme que son mari néglige, et, pour arriver à être aimé, moi, il faut que je ramène le mari... c'est original.

SCÈNE NEUVIÈME

TERSAC, VALENTINE, toilette de bal.

VALENTINE

Avez-vous trouvé ?..

TERSAC

Pas encore tout à fait, mais je brûle...

VALENTINE

Où donc est monsieur de Mauroy ?

TERSAC

Il est chez madame de Prades...

VALENTINE

Sérieusement ?

TERSAC

Je vous assure.

VALENTINE

Peut-on concevoir cela ?.. en me voyant, moi, et en voyant monsieur de Mauroy, à qui viendrait-il à l'idée que c'est monsieur de Mauroy qui trompe et que c'est moi qui suis trompée...

TERSAC

A personne assurément...

VALENTINE

Elle se moque de lui, n'est-ce pas ?

TERSAC

C'est probable, la passion de madame de Prades pour monsieur de Lagastine est chose connue. Il faut être amoureux d'elle pour l'ignorer.

VALENTINE

Quel intérêt a-t-elle à recevoir monsieur de Mauroy ?

TERSAC

Il se vante de la tenir. — Elle a, dit-il, besoin de lui...

VALENTINE

Pour elle !..

TERSAC

Ce n'est pas probable. — Elle a peut-être besoin de lui !.. pour monsieur de Lagastine...

VALENTINE

S'il s'agissait de monsieur de Lagastine, l'affaire dépendrait du ministère ; madame de Prades se serait adressée à vous...

TERSAC

Nous ne sommes pas très-bien ensemble...

VALENTINE

C'est vrai, on me l'a dit. On ne m'a pas dit pourquoi...

TERSAC

Elle sait que monsieur de Mauroy est mon ami, peut-être a-t-elle l'intention de se servir de lui pour obtenir quelque chose de moi... Si cela était, notre affaire serait en bon chemin...

VALENTINE

Ah ! cela peut avoir quelque influence sur notre
affaire ?..

TERSAC

Une influence énorme !..

VALENTINE

Et il n'y a pas moyen de savoir au juste si vous ne
vous... si vous avez deviné.

TERSAC

Nous le saurons quand Mauroy rentrera.

VALENTINE

Comment !..

TERSAC

Tout à l'heure je lui ai fait entendre qu'on se moquait
de lui...

VALENTINE

Vous lui avez dit que l'on se moquait ?..

TERSAC

Avec des périphrases...

VALENTINE

Et il est allé chez madame de Prades ?..

TERSAC

Lui demander une explication.

VALENTINE

A la suite de laquelle il rompra ?..

TERSAC

A la suite de laquelle il reviendra probablement ici
plus amoureux que jamais...

VALENTINE

Elle est donc bien adroite ?..

TERSAC

Elle est moins adroite que vous.

VALENTINE

Comment expliquez-vous cela ?..

TERSAC

Je ne l'explique pas. — Revenant ici plus amoureux
que jamais, il reviendra furieux contre moi. — Madame
de Prades, de qui je viens de dire du mal, ne m'aura pas
ménagé...

VALENTINE

Je le crois facilement, mais je ne vois pas...

TERSAC

Attendez donc ! si véritablement il s'agit de monsieur
de Lagastine, et que l'on ait besoin de mon crédit,
madame de Prades, tout en m'arrangeant de la belle
façon, aura bien recommandé à Mauroy de ne pas
rompre avec moi...

VALENTINE

C'est vrai...

TERSAC

Si au contraire je me suis trompé, elle lui aura tout

simplement dit de me mettre à la porte, ce qu'il se
hâtera de faire !..

VALENTINE

Ah ! mon Dieu... et il restera spirituel.,.

TERSAC

Soyez tranquille, je rentrerai par la fenêtre. — Vous
voyez bien qu'au premier mot de votre mari nous saurons à quoi nous en tenir sur un point qui est très-
important pour nous...

VALENTINE

Savez-vous que vous êtes un homme prodigieux ?..

TERSAC

Oh ! prodigieux !..

VALENTINE

Eh bien ! — ne voilà-t-il pas qui est insupportable ?..

TERSAC

Quoi donc ?..

VALENTINE

C'est qu'à vous qui êtes un homme d'esprit, de beaucoup d'esprit, je ferai croire tout ce qui me plaira...

TERSAC

Comment, tout ce qui vous...

VALENTINE

Tandis qu'à monsieur de Mauroy, qui n'est pas un
homme d'esprit, je ne puis rien faire croire du tout...

TERSAC

Oh ! mais peut-être exagérez-vous ma crédulité.

VALENTINE

Je ne l'exagère pas...

TERSAC

Pardonnez-moi.

VALENTINE

Je vous ferais croire, si je le voulais, les choses les plus
extravagantes, et cela le plus facilement du monde...

TERSAC

Permettez-moi d'en douter...

VALENTINE

Vous en doutez, vous avez tort ; non-seulement je le
ferais, mais je l'ai déjà fait...

TERSAC

Vous l'avez fait ?..

VALENTINE

Voulez-vous que je vous rappelle dans quelle circonstance ?..

TERSAC

Je vous en prie...

VALENTINE

C'est très-facile. — C'était au ministère justement —
dans un bal... (*Elle s'assied.*) Quelqu'un vient d'entrer.
— On a fermé la porte avec violence...

TERSAC

C'est Mauroy...

VALENTINE

Ah ! nous allons savoir...

TERSAC

Il serait bon qu'il ne me trouvât pas ici ; devant moi,
il se contiendrait — il ne faut pas qu'il se contraigne.

VALENTINE

Entrez là ; — mais qu'est-ce que j'aurai à faire, moi ?

TERSAC

Presque rien. — Si de Mauroy ne parle pas de me
fermer sa porte, parlez-en vous-même ; s'il refuse, —
j'espère qu'il refusera, — insistez...

VALENTINE

Voilà qui est dit. — Entrez là !..

(Tersac entre à gauche.)

SCÈNE DIXIÈME

VALENTINE, seule.

Mon Dieu ! — Qui m'eût dit que l'on serait obligé de
se donner tant de mal pour empêcher monsieur de Mauroy d'avoir de l'esprit ?

SCÈNE ONZIÈME

VALENTINE, MAUROY.

MAUROY

Où est Tersac ?

VALENTINE

Il n'est plus ici !..

MAUROY

Il est parti ?

VALENTINE

Naturellement.

MAUROY

Ah ! il est parti ?..

VALENTINE, à part.

C'est un mensonge bien innocent. — C'est égal, avec lui, ça me fait plaisir.

MAUROY

Il y a des gens que toute délicatesse irrite, que toute supériorité blesse...

VALENTINE

A propos de qui dites-vous cela !..

MAUROY

Il y a des gens qui ne pardonnent jamais à une femme de ne pas les avoir écoutés.

VALENTINE

Ces gens-là n'ont pas un beau caractère.

MAUROY

Certes, si les bruits, qui ont couru sur lui, eussent été fondés, il se montrerait moins acharné.

VALENTINE

De qui parlez-vous ?

MAUROY

De monsieur de Tersac.

VALENTINE

Ah !

MAUROY

Ces bruits sont faux, tout ce qu'il y a de plus faux ; quant à monsieur de Lagastine...

VALENTINE

Il s'agit de monsieur de Lagastine, à présent ?..

MAUROY

Oui, il s'agit de lui. — On a dit, j'en conviens, qu'il lui avait fait la cour...

VALENTINE

A monsieur de Tersac ?

MAUROY

Non, à madame de Prades.

VALENTINE

En quoi cela m'importe-t-il ?

MAUROY

Je sais la vérité... C'est une histoire bien simple...
Monsieur de Lagastine était reçu chez monsieur de
Prades, quand celui-ci vivait...

VALENTINE

Bien entendu !

MAUROY

Vous vous moquez de moi ?

VALENTINE

Non ! mais quel besoin avez-vous de me dire qu'il y a
eu une liaison entre madame de Prades et monsieur de
Lagastine ?

MAUROY, furieux.

Je vous dis qu'il n'y a pas eu de liaison.

VALENTINE

Quel besoin avez-vous de me dire qu'il n'y a pas eu
de liaison ?..

MAUROY

C'est afin que vous le puissiez redire à monsieur de
Tersac.

VALENTINE

Monsieur de Tersac, quand il me parle, ne me parle
pas de madame de Prades...

MAUROY

Je le sais, madame.

VALENTINE

Eh bien, alors, pourquoi me chargez-vous de lui redire ?..

MAUROY

Monsieur de Tersac, quand il vous parle, vous parle de vous... Il vous aime...

VALENTINE

Voilà la seconde fois que vous me dites cela ce soir...

MAUROY

Cette fois, madame, c'est sérieux...

VALENTINE

Comment ! Tout à l'heure ce n'était donc pas...

MAUROY

Tout à l'heure c'était une ruse pour échapper à cette explication sur madame de Prades.

VALENTINE

Une ruse !..

MAUROY

Oui, madame. (*A part.*) Et quand je songe que j'ai demandé à de Tersac s'il la trouvait ingénieuse... oh !..

VALENTINE

Une ruse... vous, une ruse, vous !

MAUROY

Pourquoi pas, madame ?..

VALENTINE

Ah ! c'est le dernier coup...

MAUROY

Je ne veux plus maintenant m'abaisser au mensonge...
Madame de Prades est une âme noble, un cœur
méconnu.

VALENTINE

La phrase est d'elle, n'est-ce pas ?

MAUROY

Le monde l'accuse en vain, je la défendrai contre le
monde, contre vous... et contre monsieur de Tersac qui
la calomnie, vous fait la cour, et se moque de moi de
la façon la plus odieuse...

VALENTINE

Eh ! si vous avez tant de griefs contre monsieur de
Tersac, il y a une chose bien simple à faire...

MAUROY

Quoi donc ?

VALENTINE

Ne plus le voir.

MAUROY, se radoucissant.

Ah ! non... Diable, non... Il est inutile de pousser les
choses jusque là...

VALENTINE

Pourquoi garder des ménagements si vous êtes
jaloux ?..

MAUROY

Oh ! je ne le crains pas...

VALENTINE

Il faut lui fermer votre porte.

MAUROY

Non pas...

VALENTINE

Si fait, il le faut... et le plus vite possible...

MAUROY

Croyez-vous que je sois homme à prendre monsieur
de Tersac par les épaules ?..

VALENTINE

Ne peut-on, sans prendre les gens par les épaules ?..

MAUROY

J'aime mieux le recevoir comme par le passé, et, tout
en lui gardant une bonne rancune, ne pas lui faire mauvais visage...

VALENTINE

Cela n'est pas digne !.. Il vaut mieux...

MAUROY

Je sais ce qu'il convient de faire : vous allez à ce bal ?..

VALENTINE

Oui, j'attends madame de Prades... Vous voyez que
je ne lui en veux pas...

MAUROY

C'est très-bien... Vous n'avez pas à lui en vouloir...

Quand elle sera arrivée et que vous voudrez partir,
faites-moi prévenir, — je rentre chez moi, j'ai des
papiers à examiner...

VALENTINE

A votre place, moi, je ne verrais plus monsieur de
Tersac...

MAUROY

Encore ! Je vous dis que je ne veux pas d'éclat. (*A
part.*) Quelle obstination !.. On dirait qu'elle se doute...
(*Haut.*) Tout à l'heure, vous me ferez prévenir...'

SCÈNE DOUZIÈME

VALENTINE, seule.

Monsieur de Tersac ne s'était pas trompé. — C'est
décidément un homme dangereux que monsieur de Tersac... (*Ouvrant.*) Vous pouvez venir...

SCÈNE TREIZIÈME

VALENTINE, TERSAC.

TERSAC

Où en sommes-nous ?

VALENTINE

Il est de plus en plus clairvoyant... Il m'a encore
parlé de vous...

TERSAC

Cette fois, c'est sérieux... C'est la riposte de madame de Prades, — je m'y attendais... Avez-vous fait ce dont nous étions convenus. Avez-vous parlé de me mettre à la porte ?

VALENTINE

Oui ! sur ce point, vous aviez raison... il a refusé...

TERSAC

A merveille. — Avez-vous insisté ? A-t-il eu l'air embarrassé ?..

VALENTINE

J'ai insisté... Il a eu l'air embarrassé et il a fini par se sauver chez lui pour couper court à l'explication. Cela m'a permis de vous délivrer...

TERSAC

Nous sommes sauvés ! Il est neuf heures ; à onze heures, votre mari aura cessé d'être spirituel...

VALENTINE

Vous me faites de bien jolies promesses...

TERSAC

Je les tiendrai... Tenez les vôtres...

VALENTINE

Fiez-vous à moi...

TERSAC

Madame de Prades va venir vous prendre ?..

VALENTINE

Oui, tout à l'heure !..

TERSAC

Quand elle viendra, donnez-lui un prétexte quelconque pour ne pas aller à ce bal, et laissez-moi seul avec elle.

VALENTINE

Cela est nécessaire ?..

TERSAC

Vous regrettez de me laisser seul avec madame de Prades ?..

VALENTINE

Oh ! je ne suis pas jalouse...

TERSAC

Je le suis, moi, jaloux ; et ce qui me reste à vous dire est assez triste à dire pour un jaloux...

VALENTINE

Il y a encore quelque chose ?..

TERSAC

Oui. Votre mari va tout à l'heure sans doute éprouver un chagrin très-violent.

VALENTINE

Vous me faites peur...

TERSAC

Puisque vous n'allez pas à ce bal, il vous trouvera près de lui, ne le repoussez pas... soyez bonne, sensible.

VALENTINE

Bonne, sensible ?..

TERSAC

Pas trop!

VALENTINE

Enfin, il faudra l'être un peu...

TERSAC

Oui, un peu... Un peu coquette aussi... (*A part.*) Pour un amoureux, je donne de singuliers conseils...

VALENTINE

Un peu coquette aussi ?..

TERSAC

Avec votre mari, cela vous coûtera ?..

VALENTINE

Je me résignerai. Mais quel singulier moyen vous m'indiquez là pour chasser l'esprit !..

TERSAC

Je viendrai vite à votre secours...

VALENTINE

A la bonne heure... mais cela ne fait rien : la recette est bizarre.

TERSAC

Que voulez-vous ? Il le faut !

VALENTINE

S'il le faut !.. Est-ce tout ?

TERSAC

C'est tout. Dites-moi donc, maintenant, quelle chose si extraordinaire vous êtes arrivée à me faire croire...

VALENTINE

Cela vous tient au cœur...

TERSAC

Dites-le moi...

VALENTINE

Très-volontiers... C'était...

UN DOMESTIQUE

Madame de Prades...

VALENTINE

Soyez tranquille, je vous le dirai plus tard !..

SCÈNE QUATORZIÈME

LES MÊMES, MADAME DE PRADES, très-décolletée.

MADAME DE PRADES

Je vous ai fait attendre, Valentine. (*Apercevant Tersac.*)
Ah !..

TERSAC

Madame...

MADAME DE PRADES

Monsieur !.. (*A Valentine.*) Pardonnez - moi , ma
chère...

VALENTINE

Ce n'est pas moi qui ai à pardonner, c'est vous ..

MADAME DE PRADES

Comment, c'est moi ?..

VALENTINE

Oui, je vous ai laissée venir, et je ne vais pas à ce
bal.

MADAME DE PRADES

Vous êtes souffrante !

VALENTINE

Justement, je l'étais déjà un peu quand vous êtes
venue tout à l'heure... J'ai voulu avoir du courage, je
me suis habillée, mais décidément le mal est le plus
fort. Je vais faire prévenir monsieur de Mauroy...

(Elle fait un pas pour sonner.)

TERSAC

Mille pardons, madame...

VALENTINE

Monsieur.

TERSAC

J'ai quelques paroles à dire à madame de Prades;
j'aurai, si elle daigne y consentir, l'honneur de profiter
du hasard qui nous a fait nous rencontrer...

VALENTINE

Je vous laisse. Bonsoir, Mathilde...

MADAME DE PRADES

Bonsoir, ma chère. Je vous ai vue souffrante, voilà
ma nuit attristée.

(Valentine sort.)

SCÈNE QUINZIÈME

MADAME DE PRADES, TERSAC,

MADAME DE PRADES

Valentine a l'air de se porter très-bien.

TERSAC

C'est très-mauvais signe, quand on est malade.

MADAME DE PRADES

Vous la croyez sérieusement souffrante ?

TERSAC

Très-sérieusement.

MADAME DE PRADES

Et vous savez d'où vient son mal ?

TERSAC

Son mal vient de ce que son mari la néglige.

MADAME DE PRADES

Ah ! monsieur de Mauroy la néglige...

TERSAC

Pour s'occuper d'une autre femme... ne le saviez-vous
pas ?..

MADAME DE PRADES

Il me semble que je l'ai entendu dire... mais je m'occupe peu des bruits qui courent.

TERSAC

Vous avez raison.

MADAME DE PRADES

De ce qu'on dit des autres, je ne m'inquiète guère.
— De ce qu'on dit de moi, je ne m'inquiète pas du
tout. — Je suis plus forte que la médisance...

TERSAC

C'est pour moi que vous dites cela?..

MADAME DE PRADES

Entre nous, je n'ai rien compris à votre conduite :
quel intérêt aviez-vous à dire à monsieur de Mauroy...

TERSAC

Ami de madame de Mauroy, ne devais-je pas, par
tous les moyens possibles, chercher à ramener son mari
près d'elle?

MADAME DE PRADES

J'aurais cru, au contraire, qu'un motif sérieux vous
engageait à éloigner ce mari.

TERSAC

Vous me jugez mal. Vous lui avez prouvé que je vous
avais calomniée, du reste...

MADAME DE PRADES

Aviez-vous prévu que je le lui prouverais?..

TERSAC

Vous le lui avez prouvé?..

MADAME DE PRADES

Oui !..

TERSAC

Qu'est-ce que vous lui avez dit ?

MADAME DE PRADES

Le sais-je, moi ? la première chose venue.

TERSAC

Sérieusement, Mathilde, vous avez tort de ne pas avoir confiance en vos amis...

MADAME DE PRADES

Que voulez-vous dire ?

TERSAC

Vous avez quelque chose à obtenir de moi pour monsieur de Lagastine. Pourquoi ne vous êtes-vous pas adressée à moi directement ?..

MADAME DE PRADES

Était-il convenable de m'adresser à vous, quand il s'agissait de...

TERSAC

De celui qui a eu le bonheur de vous faire oublier des serments... Eh! mon Dieu, Mathilde, j'ai quarante-neuf ans, les cheveux commencent à devenir rares sur mon front : Monsieur de Lagastine a de bien beaux cheveux noirs. (*En souriant.*) Allons, voyons, qu'est-ce qu'il demande, monsieur de Lagastine?

MADAME DE PRADES

Il s'ennuie à Lisbonne ; il voudrait aller à Rome...

TERSAC

C'est très-simple.

MADAME DE PRADES

Il a des titres... Pendant trois mois, en l'absence de
son ministre, il a rempli l'intérim...

TERSAC

L'amour vous a appris la langue des affaires...

MADAME DE PRADES

J'avais prié monsieur de Mauroy de vous parler de
cela sans me nommer, voilà deux mois que de jour en
jour il me promet une réponse de vous...

TERSAC

Il ne m'a jamais parlé de rien...

MADAME DE PRADES

Vous dites!..

TERSAC

Je dis que de Mauroy ne m'a parlé de rien...

MADAME DE PRADES

Il se moquait de moi!..

TERSAC

Peut-être craignait-il que le jour où vous n'auriez plus
besoin de lui...

MADAME DE PRADES

Jouée par monsieur de Mauroy!..

TERSAC

Permettez-moi de profiter de votre colère. Si je m'engageais à faire attacher monsieur de Lagastine à l'ambassade de Rome, ne feriez-vous rien pour moi?

MADAME DE PRADES

Qu'exigez-vous?..

TERSAC

Vous le voyez, madame de Mauroy est souffrante...

MADAME DE PRADES

Est-ce sérieux?..

TERSAC

Elle se désole, elle pleure...

MADAME DE PRADES

Après?

TERSAC

Rendez-lui son mari...

MADAME DE PRADES

Voilà ce que vous exigez?

TERSAC

Une rupture définitive et immédiate.

MADAME DE PRADES

N'est-ce que cela?

TERSAC

Une bonne action et une vengeance...

MADAME DE PRADES

Je l'aurais fait, même si vous ne me l'aviez pas demandé...

TERSAC

Faites-le tout de suite...

MADAME DE PRADES

Très-volontiers, mais je ne vous comprends pas du
tout !

TERSAC

C'est que vous me jugez mal, je vous l'ai dit. (*Il sonne,
entre un domestique.*) Prévenez monsieur de Mauroy que
madame de Prades l'attend ici... (*Le domestique sort.*)

MADAME DE PRADES

Il ne vous avait parlé de rien ! qui eût pensé qu'un
homme si nul savait mentir ?

TERSAC

Que voulez-vous, madame, l'éducation, le progrès...

SCÈNE SEIZIÈME

LES MÊMES, MAUROY.

MAUROY, à part.

Tersac avec madame de Prades... (*Saluant.*) Madame...

MADAME DE PRADES, froidement.

Monsieur...

MAUROY, à Tersac.

Je ne m'attendais pas à vous trouver ici...

TERSAC

Mon ami... j'ai des reproches à vous faire... Vous est-il jamais arrivé, quand vous m'avez adressé une demande. d'éprouver un refus?..

MAUROY

Non, sans doute...

TERSAC

Pourquoi alors hésiter depuis deux mois à me parler de ce changement que désire monsieur de Lagastine?..

MAUROY

De ce changement que...

TERSAC

Madame ne vous avait-elle pas prié de m'en dire deux mots?..

MAUROY

Si fait! mais, il me semble... ne vous en ai-je pas parlé?..

TERSAC

Je ne me le rappelle pas...

MAUROY

En tout cas, je m'en occupais... je cherchais justement les papiers relatifs...

TERSAC

Vous me les remettrez, c'est une affaire terminée...

MAUROY

Aïe...

MADAME DE PRADES, à Tersac.

Je vous remercie, monsieur...

TERSAC

Ce n'est pas moi qu'il faut remercier, madame... La part que monsieur de Mauroy a prise...

MADAME DE PRADES, à Mauroy.

Je ne suis pas injuste envers vous, monsieur. J'apprécie le zèle que vous avez mis à me servir, et veux, pour vous prouver ma reconnaissance, vous donner un conseil. Valentine est souffrante, tellement souffrante qu'elle ne peut ce soir aller à ce bal... Restez près d'elle, cela lui sera agréable. Demain, je viendrai m'informer de sa santé ; en même temps, je vous ferai, à elle et à vous, mes adieux !

MAUROY

Vos adieux !..

MADAME DE PRADES

Oui. J'ai depuis longtemps l'intention de faire un voyage en Italie ; je crois que je vais me décider...

MAUROY

Mais, mais... Math... madame.

MADAME DE PRADES

Restez près de Valentine ! — Messieurs.

(Elle salue.)

TERSAC

Madame !

SCÈNE DIX-SEPTIÈME

MAUROY, TERSAC.

(Moment de silence.)

TERSAC

Voulez-vous que je vous dise à quoi vous pensez, Mauroy ?

MAUROY

Je crois que vous ne me le direz pas...

TERSAC

Vous cherchez un prétexte pour me mettre à la porte...

MAUROY

Hum!..

TERSAC

Il y a quelque chose comme cela, n'est-ce pas ? Vous n'avez pas la tête à vous en ce moment : ou vous ne trouveriez rien, ou vous finiriez par trouver quelque chose de déplorable. J'aime mieux vous tirer de peine et m'en aller. Je vous ai rendu un des services qu'un homme pardonne le plus difficilement. Bientôt cependant... (*A part.*) dans une heure, (*Haut.*) j'espère que vous comprendrez que vous me devez quelque reconnaissance ; adieu!..

MAUROY

Adieu !

TERSAC

Je ne veux pourtant pas partir sans vous répéter ce
que vous a dit madame de Prades. Restez près de votre
femme, Mauroy!

MAUROY

Ah! vous aussi, me donnez ce conseil ; je le suivrai.

TERSAC, à part.

J'y compte bien!..

MAUROY

Oui, je resterai près de Valentine, je ne la quitterai
pas ; madame de Prades et vous, en enragerez.

TERSAC

J'en enragerai, moi?..

MAUROY

Il suffit, je m'entends. — Vous disiez tout à l'heure
que je cherchais un prétexte ; il n'eût pas été si difficile
à trouver, ce prétexte...

TERSAC

Je savais bien que vous finiriez par imaginer quelque
chose de déplorable...

MAUROY

Tersac !..

(La porte de Valentine s'ouvre.

TERSAC

Voulez-vous que madame de Mauroy sache que vous
me cherchez querelle parce que je vous ai fait rompre
avec madame de Prades?..

SCÈNE DIX-HUITIÈME

LES MÊMES, VALENTINE.

VALENTINE

Mathilde est partie ?..

MAUROY

Oui.

VALENTINE

Et vous êtes encore ici, mon ami ?

MAUROY

Elle m'a dit que vous étiez souffrante, je suis resté !..

VALENTINE

Je vous remercie...

MAUROY

Oh ! les femmes ! les femmes !

VALENTINE, à Tersac, bas.

Il a l'air consterné !!!

TERSAC, bas.

Un chagrin violent, je vous l'avais dit...

VALENTINE, bas.

Ah ! c'est fait ?

TERSAC, bas.

Oui. — Tout dépend de vous maintenant... il est admirablement préparé.

VALENTINE, bas.

Bonne, sensible, coquette... n'est-ce pas ?..

TERSAC, bas.

Pas trop !..

VALENTINE, bas.

J'entends bien...

TERSAC, haut.

Adieu, Mauroy !

MAUROY

Adieu !

TERSAC

Madame...

VALENTINE

Monsieur...

TERSAC, bas.

Pas trop, vous savez, pas trop !

(Il sort par le fond.)

SCÈNE DIX-NEUVIÈME

MAUROY, VALENTINE.

MAUROY

Monsieur de Tersac ne remettra plus les pieds ici !..

VALENTINE

Tout à l'heure vous ne vouliez pas rompre...

MAUROY

J'ai changé d'avis.

VALENTINE

Vous avez une raison, sans doute...

MAUROY

Souffrez-vous encore ?..

VALENTINE

Je souffre moins. Si je vous disais que tout à l'heure j'étais malade et que le plaisir que vous m'avez fait en restant près de moi m'a presque guérie... le croiriez-vous ?..

MAUROY

Je croirais que vous n'étiez pas bien sérieusement malade...

VALENTINE, à part.

Hum ! Il n'est pas trop sot encore... (*Haut.*) Je suis très-contente de vous avoir près de moi... j'ai à vous parler de quelque chose...

MAUROY

De quoi avez-vous à me parler ?

VALENTINE

Je vous ai dit que j'avais vu à Croissy une maison charmante...

MAUROY

Valentine, nous avons quinze mille francs à donner à la fin d'avril pour cet hôtel que nous avons fait bâtir, nous avons dix mille francs à donner à la fin de mai...

VALENTINE

Oh ! vous savez que j'ai horreur des comptes.

MAUROY

Supposez alors que je vous ai prouvé qu'il nous est impossible d'acheter cette maison de campagne...

VALENTINE

Je ne trouve pas que vous m'ayez prouvé cela...

MAUROY

Alors, écoutez les comptes.

VALENTINE, à part.

Décidément, il est toujours spirituel.

MAUROY, à part.

Oui, je resterai près de ma femme. — Elle est fort jolie, ma femme !

VALENTINE

Peut-être n'était-ce pas seulement pour vous parler de cette maison, que j'ai été heureuse de vous garder près de moi...

MAUROY

Alors, vous avez une autre raison ?..

VALENTINE

Naturellement ! Est-ce que vous regrettez de ne pas être allé à ce bal ?

MAUROY

Certes non...

VALENTINE

Sérieusement?..

MAUROY

Très-sérieusement. Je ne me suis jamais amusé qu'une fois au bal. C'était au bal de l'Opéra. Et encore, on m'a mis à la porte, ce qui fait que je n'ai pas pu m'y amuser longtemps...

VALENTINE

On vous a mis à la porte du bal de l'Opéra, vous?..

MAUROY

Moi-même...

VALENTINE

Qu'est-ce que vous aviez donc fait?

MAUROY

J'avais dansé!

VALENTINE

Comment?

MAUROY

Vous dites?

VALENTINE

Je vous demande comment vous aviez dansé?

MAUROY

Je ne me le rappelle pas. Il y a longtemps de cela...

VALENTINE

Tâchez de vous le rappeler...

MAUROY

C'était quelque chose comme cela.

(Il fait quelques gestes.)

VALENTINE

Si madame de Prades vous voyait...

MAUROY

Pourquoi me parlez-vous de madame de Prades?..

VALENTINE

Ne parlons pas d'elle, parlons du bal de l'Opéra. —
Vous n'aviez pas fait autre chose et l'on vous a mis à la
porte?..

MAUROY

Ah! il y avait bien encore quelque petite excen-
tricité!..

VALENTINE

Je serai moins sévère que la police du bal, moi. Je
ne vous mettrai pas à la porte de chez moi. Venez vous
asseoir près de moi, Henri.

MAUROY

Ah! ça, qu'est-ce que vous avez donc?

VALENTINE

Je n'ai rien.

MAUROY, à part.

Elle est certainement aussi jolie que madame de
Prades.

VALENTINE

Où vous tenez-vous ? Venez plus près...

MAUROY, à part.

Aussi jolie... au moins...

VALENTINE

Plus près encore ; assurément vous n'y mettriez pas tant de façon si vous m'aviez rencontrée au bal de l'Opéra.

MAUROY

Mais... quelle conversation avez-vous ?..

VALENTINE

Aimez-vous mieux que nous parlions de madame de Prades ?..

MAUROY

Ma foi, non !

VALENTINE

Ainsi, c'est parce que l'on vous a dit que j'étais souffrante, que vous avez renoncé... Vous êtes bon, au fond.

MAUROY

Oh !..

VALENTINE

Si fait, vous êtes bon et à cause de cela je voudrais avoir quelque chose à vous pardonner : n'avez-vous rien à vous faire pardonner ?

MAUROY

Non... rien !

VALENTINE

Tant pis. Enfin, si par hasard :. en cherchant bien...
vous vous trouvez quelque tort... cela peut arriver...
dites-vous qu'il est pardonné et que je ne vous en veux
pas !..

MAUROY

Valentine !

VALENTINE

Vous êtes bon... Venez plus près de moi... là. Donnez-
moi votre main...

MAUROY, à part.

Elle est plus jolie que madame de Prades...

(Moment de silence.)

VALENTINE

M'aimez-vous, Henri ?

MAUROY

Mais... certainement.

VALENTINE

Pourquoi n'avouez-vous pas ?..

MAUROY

Avouer... quoi ?..

VALENTINE

L'amour... chez les femmes... c'est le pardon... Chez
les hommes... ce devrait être le repentir... je pardonne...
repentez-vous !..

MAUROY

Me repentir !.. de quoi ?..

VALENTINE

De quoi ?.. d'être allé chercher bien loin une souf-
france quand le bonheur était dans votre maison...

MAUROY

Valentine !

VALENTINE

Repentez-vous d'avoir le visage triste quand vous
devriez avoir le sourire aux lèvres... Mon pauvre Henri,
vous n'êtes pas du tout fait pour la douleur. Le chagrin
vous va mal. Vous n'êtes tout à fait bien que quand
vous êtes heureux. — Repentez-vous de ne pas l'être. —
Repentez-vous d'avoir aimé madame de Prades qui s'est
moquée de vous...

MAUROY

Je ne l'ai pas aimée...

VALENTINE

Vous niez encore ?

MAUROY

Je ne l'ai pas aimée, je vois bien maintenant que je
ne l'ai pas aimée...

VALENTINE

Allons donc... c'est un aveu... enfin !..

MAUROY

Vous avez dit que vous pardonniez !..

VALENTINE

Je le veux bien... avouez que je suis bonne...

MAUROY

Je l'avoue... (*Il lui embrasse les mains.*) Mais je ne veux pas être en reste de générosité... Jamais je ne vous parlerai de monsieur de Tersac.

VALENTINE, retirant sa main.

Et pourquoi ne me parlerez-vous pas de lui ?..

MAUROY, voulant la reprendre.

Parce que je veux que tout soit oublié.

VALENTINE

Comment ?.. oublié... Que voulez-vous dire ?

MAUROY

Ne revenons pas là-dessus...

VALENTINE

Vous prétendez que monsieur de Tersac m'a fait la cour ?..

MAUROY

Je ne prétends rien... mais...

VALENTINE

Et que je l'ai écouté... peut-être ?..

MAUROY

Encore une fois...

VALENTINE

Ce que vous dites là n'a pas le sens commun...

MAUROY

Cela a le sens commun... mais n'en parlons plus

VALENTINE

Henri, je veux vous prouver que vous avez eu tort de me soupçonner... et de soupçonner monsieur de Tersac.

MAUROY

Non. J'aime mieux te croire sans que tu me prouves rien...

VALENTINE

Et moi je veux parler...

MAUROY

A quoi bon, puisque je te crois ?

VALENTINE

Je ne veux pas que vous puissiez dire un jour que je ne vous ai pas donné de raisons...

MAUROY

Parle donc...

VALENTINE

Vous m'écoutez bien ?...

MAUROY

Je t'écoute...

VALENTINE, parlant à tort et à travers.

Il paraît que dans le temps monsieur de Tersac a été fort amoureux de madame de Prades... On affirme même... mais sur ce point il est impossible de rien

savoir parce que tantôt le monde dit blanc, tantôt le
monde dit noir... Enfin, ce qu'il y a de sûr, c'est que
c'est à cette époque-là que monsieur de Tersac a commencé à venir ici très-souvent...

MAUROY

Quelle jolie robe tu as là !..

VALENTINE

Tu trouves ?..

MAUROY

Tu es assurément la femme de Paris qui s'habille le
mieux...

VALENTINE

Tu t'en aperçois aujourd'hui ?..

MAUROY

Dis donc... Valentine...

VALENTINE

Tu ne m'écoutes pas, mon ami...

MAUROY

Si fait.

VALENTINE

Je continue... pouvais-je ne pas le recevoir ? Il était
ton ami... et puis, quelle crainte avoir ? Monsieur de
Lagastine était à Lisbonne; monsieur de Tersac ne
l'ignorait pas : il m'en parlait tous les jours, il fallait
bien... Tu me brises la main !

MAUROY

Pardonne-moi. Je n'ai certes pas voulu te faire de mal...

VALENTINE

Je l'espère bien. — Il était tout naturel alors que les choses se passassent comme elles se sont passées. — As-tu compris ?

MAUROY

Parfaitement !

VALENTINE, à part.

Ça n'avait aucun sens et il a compris !..

MAUROY

Tu me rendras cette justice que je ne t'avais pas demandé cette explication.

VALENTINE

Cela ne fait rien. Je suis bien aise de te l'avoir donnée.

MAUROY

Je ne doutais pas.

VALENTINE

Plus tard tu aurais peut-être douté... un soupçon aurait pu rester dans ton esprit, tandis que maintenant...

MAUROY

Je t'aime maintenant, et je vois bien que j'ai eu tous les torts et que tu n'en as aucun.

VALENTINE

Le beau mérite à toi d'en convenir quand je te l'ai
prouvé !..

MAUROY

Et j'ai pu... Ah ! s'il y avait un moyen d'expier !.. Si
je savais...

VALENTINE

Ne te figure pas au moins que je pensais sérieusement
à cette maison...

MAUROY

Cette maison, tu l'auras !..

VALENTINE

Je te dis que je n'y pensais pas...

MAUROY

Je te la donne... je veux te la donner...

VALENTINE

Non, mon ami, nous avons à payer quinze mille francs
à la fin d'avril, dix mille à la fin de mai...

MAUROY, riant.

Eh !.. nous sommes en avance de cent mille francs au
moins !..

VALENTINE, à part.

Un pareil aveu !.. Ah ! monsieur de Tersac ne m'en
avait pas promis tant que cela...

MAUROY

Je t'en supplie... ne refuse pas cette maison !

VALENTINE

Tu le mériterais...

MAUROY

Tu acceptes, — merci. — Il y a encore quelqu'un à qui j'ai à demander pardon...

VALENTINE

Qui donc ?

MAUROY

Tersac...

VALENTINE

Oh ! est-ce bien nécessaire ?

MAUROY

Comment, après ce qu'il a fait pour moi, je me conduis avec lui d'une façon... je le mets presque à la porte et tu me demandes s'il est nécessaire...

VALENTINE

Après tout, tu sais cela mieux que moi !..

MAUROY

Ce pauvre ami, je voudrais qu'il fût ici pour lui dire combien je suis fâché de ce qui est arrivé...

VALENTINE, à part.

Le voilà où je le voulais !..

MAUROY

Et pour le prier de recevoir mes excuses !..

UN DOMESTIQUE

Monsieur de Tersac...

MAUROY

Ah !

SCÈNE VINGTIÈME

LES MÊMES, TERSAC.

TERSAC

C'est encore moi, je vous demande pardon. — Vous ne m'avez pas donné les papiers qu'a envoyés monsieur de Lagastine.

MAUROY

Ah ! mon ami !

TERSAC

Qu'est-ce donc ?

MAUROY

Vous m'avez rendu un service immense ! Pour vous en remercier, je vous ai soupçonné de la façon la plus absurde. J'ai pu croire...

TERSAC

Vous avez reconnu votre erreur ?

MAUROY

Oui, Valentine m'a tout expliqué.

TERSAC

Tout ?

MAUROY

Tout... et je ne sais comment vous dire que je suis désolé, que je suis...

TERSAC

Oublions ce qui s'est passé !

MAUROY

Promettez-moi de me considérer comme le meilleur de vos amis... comme un homme dont la maison est la vôtre...

TERSAC

Je vous le promets !

MAUROY

Nous passerons cet été à Croissy ; si vous n'y venez pas avec nous, je croirai que vous avez de la rancune.

TERSAC

J'irai donc, pour vous prouver que je n'en ai pas...

MAUROY

Ah ! mon ami ! — Je vais vous chercher ces papiers. — Du diable si je sais où je les ai fourrés ! — Ah ! mon ami... mon ami !

(Il sort.)

SCÈNE VINGT ET UNIÈME

VALENTINE, TERSAC.

(Ils se regardent un instant sans parler.)

VALENTINE

Eh bien ?..

TERSAC

Peste! Vous lui en avez donné une jolie dose...

VALENTINE

Le fait est qu'il a dépassé mes espérances. — Il a tout de suite reconquis sa supériorité.

TERSAC

Vous êtes contente?

VALENTINE

Très-contente, et je vous remercie...

TERSAC

Il nous reste maintenant à parler de quelque chose...

VALENTINE

De quoi?..

TERSAC

N'ai-je pas tenu ma promesse ?..

VALENTINE

Ah!..

TERSAC

Vous ne me comprenez pas ?

VALENTINE

Vous ne parlez pas grec. — Je vous comprends très-
bien...

TERSAC

Ah ! Valentine...

VALENTINE

Dites-moi un peu comment vous êtes arrivé à deviner
que le meilleur moyen de faire ce que je vous demandais, était de...

TERSAC

Je vous le dirai bien volontiers. — Je crois, moi, à la
force des femmes...

VALENTINE

Vous êtes bien bon...

TERSAC

Seulement, je ne crois pas que cette force soit, comme
on le dit, de l'habileté, de la rouerie...

VALENTINE

Qu'est-ce que c'est donc à votre avis ?..

TERSAC

Hum ! c'est très-facile à dire...

VALENTINE

Dites-le, alors...

TERSAC

C'est très-facile à dire... en grec. — La force des femmes n'est pas chez les femmes, elle est chez les hommes. Qu'un homme très-spirituel soit fou d'une femme très-nulle, cette femme le mènera comme un enfant; mettez une rouée aux prises avec un imbécile qui ne se souciera pas d'elle, la rouée ne sera peut-être pas la plus forte.

VALENTINE

C'est très-ingénieux, cela...

TERSAC

C'est très-simple...

VALENTINE

Très-simple, mais très-ingénieux. — Aussi mon mari était spirituel avec moi parce qu'il...

TERSAC

Parce qu'il ne vous aimait pas, voilà pourquoi je l'ai d'abord fait rompre avec madame de Prades...

VALENTINE

Et maintenant... il m'aime ?..

TERSAC

Vous devez savoir à quoi vous en tenir là-dessus, mieux que moi ?..

VALENTINE

Je crois, moi, qu'il m'aime...

TERSAC

Oui, Valentine, il vous aime et désormais il ne croira...

VALENTINE

Encore un mot. — Vous dites qu'un homme d'esprit, quand il est bien amoureux, peut être très-maladroit...

TERSAC

Très-maladroit, très-bête, tranchons le mot...

VALENTINE

Je ne l'aurais pas cru, mais puisque vous me le dites... allons, je suis forcée d'en convenir, vous avez bien tenu votre promesse...

TERSAC

Et vous me permettez de vous dire que je vous aime...

VALENTINE

Oh! vous m'aimez!..

TERSAC

Est-ce que vous ne me croyez pas?..

VALENTINE

Si fait, je vous crois et j'ai de bonnes raisons pour vous croire; assurément, si vous ne m'aviez pas beaucoup aimée, vous qui êtes un homme d'esprit, vous vous seriez tout de suite aperçu que je voulais simplement me servir de vous pour ramener mon mari près de moi, et que vous ne pouviez attendre, pour prix de ce service, qu'une amitié...

TERSAC

Valentine...

VALENTINE

Vous avez été aveugle. — Cela prouve que votre système est bon. — C'est une consolation.

(Elle lui tend la main.)

TERSAC, à part.

L'esprit a eu tort cette fois, mais s'il avait eu vingt ans de moins !

(Au moment où il va porter à ses lèvres la main de Valentine, Mauroy entre avec des papiers; Tersac s'arrête.)

SCÈNE VINGT-DEUXIÈME

LES MÊMES, MAUROY.

TERSAC

Oh ! Mauroy !..

VALENTINE

Vous savez bien que nous n'avons plus besoin de nous cacher, maintenant !..

TERSAC

Hélas, c'est vrai !..

(Il embrasse lentement la main de Valentine.)

MAUROY

Quand je songe qu'il y a deux heures, si je vous avais surpris embrassant la main de Valentine, j'aurais été jaloux. — Étais-je bête ! — Voici les papiers que vous m'avez demandés.

Le rideau baissé.

TABLE

ÉVREUX, IMPRIMERIE DE CHARLES HÉRISSEY.